轉念

扭轉逆境的智慧

編者序

轉念，衝破人生的困境！

無論是在煩躁的日子裡、憂鬱的日子裡、迷茫的日子裡、失意的日子裡，還是快樂的日子裡，本書都會給您啓發和感動。俗話說「一句話點醒人生」，希望您在短暫的閱讀時間內，獲得人生的啓迪。

《轉念：扭轉逆境的智慧》是著名雜誌專欄作家李雪峰先生獻給讀者的作品集。他以清新的筆觸、動人的故事，爲您解開生活中遇到的心靈之鎖。

人在追尋幸福、實踐夢想的過程中，難免會遇到錯折，面對人生的逆境時，負面的情緒、消極的態度，帶來的只是更多的焦慮彷徨、手足無措，甚至會因此陷入怨天尤人、自怨自艾的泥淖中不能自拔。

還記得那首膾炙人口的又充滿人生哲理的歌謠——《蝸牛與黃鸝鳥》嗎？蝸牛受到黃鸝鳥的譏笑時，既不沮喪也不自卑，而是充滿智慧地告訴黃鸝鳥，牠在果實成熟前所付出的努力，必能獲得豐厚的回報。學習蝸牛的哲思及逐夢的精神，那麼遇到困難時，將能善用智慧，以另一個角度思考自己的處境，從而在逆境中取勝，創造出獨一無二的璀璨人生。

目錄

卷三

活在當下 49

卷四

付出與收穫 73

卷五 轉危為安 91

卷六

成為獨一無二的人

卷七

為生命奔跑

卷八

迎著光，開一扇窗 153

卷九

不複雜，幸福就很近 177

卷十 天使就在身邊 199

卷十一

卷一 苦難是上天的祝福

- 溫床，長不出參天大樹
- 疼痛也是生命的一種幸運
- 艱辛和成功，都會過去
- 別把苦難放在同一個肩上
- 別在完成前一味地盯著困難
- 有耐心，才有轉機
- 流過淚，才能看到彩虹

Change your words,
Change your world.

溫床，長不出參天大樹

有兩個人各自在一片荒漠上栽種了一片胡楊樹苗。樹苗種下後，其中一個人每隔三天，就會挑起水桶到荒漠中來，一棵一棵地給他的那些樹苗澆水。不管是烈日炎炎，還是飛沙走石，那人都會挑來一桶一桶的水，一一澆他的那些樹苗，有時剛剛下過雨，他也會來，錦上添花地給那些樹苗再澆一瓢。他說，沙漠裡的水漏得快，別看這樣三天澆一次，樹根其實沒吸吮到多少水，水都從厚厚的沙層中漏掉了。

而另一個人呢，就悠閒得多了。樹苗剛栽下去的時候，他來澆過幾次水，等到那些樹苗長成後，他就來得很少了，即使來了，也不過是到他栽的那片幼林中去看看，發現有被風吹倒的樹苗就順手扶一把，沒事的時候，他就在那片樹苗中背著手悠閒地走走，不澆一點兒水，也不培一把土，人們都說，這人栽下的那片樹苗，肯定成不了林。

過了兩年，兩片胡楊樹苗的主幹都長得像茶杯般粗了。忽然，有一夜，狂風從大漠深處捲著一堆堆的沙塵飛來，飛沙走石，電閃雷鳴，狂風捲著滂沱大雨肆虐了一夜，第二天風停的時候，人們到那兩片幼林裡一看，不禁十分驚訝：原來辛勤澆水的那個人的樹幾乎全被暴風刮倒了，有許多樹幾乎被暴風連根拔了出來，摔折的樹枝，倒地的樹幹，被拔出的一蓬蓬黝黑的根鬚，幾乎慘不忍睹。而那個悠閒的不怎麼爲樹澆水的人的林子，除了一些被風撕掉的樹葉和一些被折斷的樹枝外，幾乎沒有一棵被風吹倒或者吹歪的。

大家都大惑不解。

那人微微一笑說：「他的樹這麼容易就被風暴給毀了，就是因爲他的樹澆水澆得太勤，施肥施得太勤了。」

人們更迷惑不解了，難道辛勤爲樹施肥澆水是個錯誤嗎？

那人頓了頓，嘆了口氣說：「其實樹跟人是一樣的，對它太殷勤了，就培養了它的惰性，你經常爲它澆水施肥，它的根就不往泥土深處扎，只在地表淺處盤來盤去。根扎得那麼淺，怎麼能經得起風雨呢？如果像我這樣，把它們種下後，就不再去理睬它，地表沒有水和肥料供它們吸吮，逼得它們不得不拚命向下扎根，恨不得把自己的根穿過沙土層，一直扎進到地底下的泉源中去，有這麼深的根，我何愁這些樹不枝葉繁茂，何愁這些樹會輕易就被暴風刮倒呢？」

轉念智慧

別給生命太好的溫床，生命的溫床上只能誕生生命的災難。要想使你的生命之樹能頂天立地，那就不能給它太足的水分和肥料，才能逼迫它奮力向下自己扎根。

不管是一根草，一棵樹，怎樣的條件就會造成怎樣的命運。溫床上是長不出參天大樹的，襁褓裡藏著的絕不會是偉人。

疼痛也是生命的一種幸運

一個中年人忽然癱瘓住院了，這讓他的家人和朋友都焦慮而著急。病人的臉色很好，心臟、脈搏都正常，但就是左半邊身子、左腿和左胳膊沒有了知覺，一動也不會動不說，用拳頭擂，用手掐他都沒有半點的感覺。

病人很憂鬱。有一天，有個父親帶著小孩去探望他，小孩在病房裡大聲喧譁、淘氣，惹得小孩的父親十分生氣。於是，小孩的父親伸手去擰小孩的臉，頓時，小孩疼痛地尖叫起來。

病人嘆了口氣說：「我眞羨慕孩子們啊！」

小孩的父親問：「羨慕小孩們的天眞無邪？」

病人搖了搖頭。

小孩的父親問：「羨慕小孩子們的無憂無慮？」

病人又搖了搖頭。

小孩的父親問：「是羨慕孩子們如花的年齡？」

病人還是搖了搖頭，長吁了一聲，病人兩眼湧滿了淚花說：「我只是羨慕小孩子們那麼敏感的疼痛啊！」

大家一聽，都愣了。

這世界上，有羨慕金錢的、羨慕美酒的、羨慕鮮花的，有那麼多値得羨慕的東西而不去羨慕，怎麼會有人羨慕疼痛呢？

病人見大家不解，便嘆口氣解釋說：「我這種癱瘓病，治來治去，不過就是爲了能讓自己重新再站起來，如今我這半邊身體形如枯木，用拳擂沒有知覺，用針刺沒有一絲反應，如果它能感覺到疼痛，那麼我就康復有望了。」

轉念智慧

是啊，不知疼痛的麻木更讓人感覺到沮喪和可怕，它就像一種不能再綠的枯木，熄滅了心靈上最後的希望燭光。

而如果一棵枯樹在遭遇斧鋸時還能流出疼痛的汁液，一個失去知覺的人還能感覺到些微的疼痛，那麼這種疼痛的感覺就是一種幸運，就是一縷幸福和一絲福音。

生命懼怕麻木，但生命慶幸疼痛。

心靈也是，麻木就意味著死亡，而疼痛則象徵著重生。

疼痛也是生命的一種幸運。

艱辛和成功，都會過去

那時，他十分落魄，許多人見了他，連話都懶得跟他說。他去求親戚，親戚們個個搖搖頭說：「我們是泥菩薩過江，連自身都難保，哪還能伸出手來助你？」

世態的炎涼，讓他心中僅剩的那一絲暖意也隨風散盡了。他走投無路了，決定一死了之，用死給自己的困苦做一個解脫。但在離開這個世界之前，他最後要去見一個人，那人是他過去的一個朋友，平時不怎麼說話，也不怎麼容易笑，總是一副平平淡淡的樣子，但心地卻很好，需要他幫忙時，不用去向他求救，因爲不知什麼時候，他已經默默伸出手在幫助你了。

忍飢挨餓走了幾百里，他找到了自己的那位朋友。朋友住的房屋也很破，穿著也很舊，一眼就能看得出，朋友的處境並不比自己好多少。坐在朋友家裡，他痛哭流涕地向朋友哭訴自己的困苦，哭訴世態的炎涼，他哭了半天，朋友只淡淡安慰了他一句話：「這些都會過去。」

告別朋友時，朋友塞給他一疊紙鈔，拍了拍他的肩膀說：「別想那麼多，這一切都會過去的。」他問朋友說：「你欄裡的豬呢？」朋友說：「就牠值點錢，賣掉了。」

他知道朋友塞給他的，是朋友那頭半大的豬換來的全部錢。

他決定不死了，不爲自己，不爲什麼，就爲有朝一日能償還朋友的那筆賣豬錢。

十幾年後，他發財了，有價值千萬的家產，還有兩個生意極好的公司、也有了別墅、進口跑車、甚至應酬不完的親朋，什麼都擁有了。他選擇一個假日，自己開著跑車去看朋友。朋友仍然十分貧窮，而且也老了。坐在朋友家的院子裡，他繪聲繪色地講自己如何創業，如何掙了上千億的資產，如何揮金如土，那些達官貴人和社會名流們如何媚笑逢迎他。講了半天，朋友什麼話也沒有說，只是靜靜地聽他講，然後淡淡地說一句：「這些都會過去的。」

聽了朋友的話，他愣了，然後細細想想就變得沉默了。

從朋友那裡回來後，他就像變了一個人，不再對手下的員工吹鬍子瞪眼，不再到豪華酒樓裡擺闊，不再對親朋鄰居指手畫腳，他記住了朋友的那句話：「這些都會過去的。」

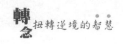

轉念智慧

一切都會過去的，包括陰雨與陽光、春暖與寒冷、貧困與富足、歡笑和淚水……，艱辛的時候不要絕望，因為困境會過去。成功的時候不要得意，因為輝煌會過去。

「一切都會過去的。」記住這句話，在我們失意或者輝煌的時候，在我們的一生裡。

別把苦難放在同一個肩上

兩個僧人常常到山下的河裡去挑水，一個挑完水只是喘幾口氣，而另一個人卻每次都是累得頭重腳輕。

很累的這個僧人想，另一個僧人的身材並沒有我健壯，挑水的桶也不比我的桶小，怎麼他挑一擔水似乎若無其事，而我挑一擔水卻總是累得這樣腰痠腿軟呢？

一天清晨，兩個人又結伴到山下的河裡去挑水，往來幾次後，另一個僧人似乎什麼事也沒有，而這個僧人則一個肩膀又紅又腫，疼得連一條胳膊也抬不起來了。他叫住那個似乎不知道疲累的僧人說：「讓我看看你的肩膀。」

那個僧人脫下衣服讓他來看自己的肩膀，他的兩個肩膀完好無損，只不過泛些微紅罷了，很累的僧人覺得很奇怪，自己和他挑同樣的擔子，走同樣遠的路，怎麼自己的左肩膀又腫又疼，而對方的肩膀卻什麼事也沒有呢？他問問對方，對方也感到不解，於是他要求對方挑他的水桶，而自己用對方的木桶挑水，但挑了一擔水，自己的左肩膀越腫越大，越來越疼了，而對方還是一點事都沒有。

他更加奇怪了，再下山挑水的時候，他讓那個不累的僧人走在前面，自己亦步亦趨走在後面，想仔細觀察自己和那個僧人到底有什麼不同，但還是沒有發現有什麼不一樣的地方。

不累的僧人也感覺奇怪，又挑水的時候，讓很累的僧人走在前面，而自己走在後面仔細地觀察。挑水走到半山上時，那個不累的僧人終於發覺當中的原因，於是喊住很累的僧人問：「你怎麼不用兩個肩膀挑水呢？」

「用兩個肩膀挑水？」他愣了。

不累的僧人說：「人有左右兩個肩膀，你怎麼只用自己的左肩膀挑水呢？」

不累的僧人邊說邊挑起他的水桶說：「你瞧，我現在用肩膀挑水，如果左肩膀累了……」此時僧人將肩上的扁擔輕輕一閃，擔子就跳到了右肩膀上，說：「瞧，這不就可以讓左肩膀歇一歇，把擔子放在右肩膀上了嗎？我就是這樣左肩換右肩，右肩換左肩的，所以肩頭才不會那麼腫。」

很累的僧人愣了，是啊，人有兩個肩頭，怎麼能把擔子總放在一個肩頭上呢？

於是，他也試著邊走邊不停地換肩了，還是那麼長的山道，還是那麼重的一擔水，他的肩膀卻不腫也不疼了。

轉念智慧

我們誰沒有兩個肩膀呢？但是又有多少人懂得給自己的人生苦難不停地換肩扛呢？不懂得換肩，我們就丟失了人生的一半力量，我們就會舉輕若重，讓並不沉重的人生把我們自己壓倒，而如果我們能為自己的人生換肩，我們就多了生命一倍的力量，就會舉重若輕，輕鬆抵達人生的遠方。

別在完成前一味地盯著困難

那時，他剛剛十九歲，正在德國哥廷根大學讀書。他酷愛數學，那些數字和變幻莫測的公式、幾何圖形讓他著迷不已。在他的導師看來，他不僅極具數學天賦，而且刻苦努力，或許能夠成為一位出色的數學家，因此，在每天批改完全班同學的數學作業後，對他寄予厚望的導師總會額外給他兩道難度較大的數學題。

一七九六年深秋的一天，吃過晚飯後，他照例坐在課桌前完成導師給他的兩道數學題，那兩道習題他在不到兩個鐘頭的時間內順利做完了。就在他捲起那兩道習題紙的時候，一個小紙條從導師交給他的題紙中掉了下來。他撿起紙條一看，紙條上是一道數學題，他沒有多想，只是以為那是導師另外給他安排的習題，於是他又坐下來，埋頭做了起來。

這是一道特別難做的習題，幾年了，導師從沒有給他安排過如此高深的習題，他感到前所未有的吃力。他絞盡腦汁，集聚自己所學過的全部數學知識，全力以赴從各個角度去演算這道數學題，但成效不大，直到半夜時仍然毫無進展。但他心想既然導師把它安排給了他，那麼它肯定有一個解題的方法，只是自己現在還沒有找到這種方法而已，他決定一定要把它做出來！

圓規、直尺、鉛筆、紙，他在課桌上又寫又畫，草稿畫滿了一張又一張，圖形推敲了又推敲，但還是找不到答案。他伏在課桌上閉上眼思考了幾分鐘，他覺得，用常規的數學思維對付這道題顯然是不可能找到答案的，要解開它，或許需要跳出常規的數學習慣思維才可能會柳暗花明。於是，他重新調整了思路，又取出厚厚一疊草稿紙，又一頭栽進那道高深莫測的數學試題中……

當遠處教堂裡的晨鐘悠悠地響起時，熬紅了雙眼、累得精疲力竭的他忍不住微笑了起來，他慶幸自己終於解出了這道數學題。他將這道題的答案和另外兩道數學題匆匆送給了他的導師，並且愧疚地對導師說：「對不起，寫在小紙條上的第三道題的確太難了，我十分吃力，整整做了一個通宵，不過還算不錯，我終於把它解答出來了。」

「什麼小紙條上的第三道題？」導師感到有些莫名其妙，但當他看過年輕人第三道題的答案後，立刻就呆住了，他用顫抖的聲音問自己的學生說：「這真的是你做出來的嗎？」看著驚訝不已的導師，他點點頭說：「是的，是我解答出來的，不過，實在太不好意思了，這一道題我竟做了整整一夜。」導師興奮地馬上拉他坐下，竭力壓抑著自己內心中的激動吩咐他說：「你現在重新給我解答一遍讓我看看。」在導師的焦急注視下，他重新解答出了這道題，並規矩地在一張草稿紙上畫出了一個正十七邊形。

捧著那張草稿紙，導師欣喜若狂得頓時語無論次，並激動萬分地告訴他說：「你創造了世界數學史上的一大奇蹟，這道題已經懸而未決兩千多年了，阿基米德對它束手無策，牛頓也沒有解出答案，兩千多年了，多少傑出的數學家對它望洋興嘆，但你僅用一個晚上就解出了答案，年輕人，你是一位天才的數學家啊！」

他一聽，頓時也愣了，阿基米德、牛頓都是不得了的數學泰斗，他們沒有找到答案的數學試題，一個兩千年都懸而未決的數學難題，竟被自己在一夜之間攻克了。他高興萬分地對導師說：「幸虧您沒提前告訴我有關這道題的歷史眞相，要不，我很可能不敢貿然去解答它的。」導師說：「我也並非是把它安排給你做的，我在其他地方見了這道習題，把它抄在紙條上，準備以後慢慢研究，沒想到夾在試題中給了你，更沒料到，你用一夜時間就創造出了世界數學史兩千年也沒能突破的偉大奇蹟！」

年輕人興奮地笑了：「眞是無知者無畏啊，如果我知道這道題的歷史眞相，或許奇蹟就難以出現。」這個年輕人便是後來聞名於世界的數學王子高斯。

轉念智慧

無知者無畏。在我們不知道困難有多大的時候，我們往往有信心和勇氣勇敢地向困難發出挑戰，但一旦窺見了困難，我們往往就望而卻步被困難嚇退了，這就是許多才華橫溢的人最終成為庸庸碌碌者的重要原因。

放手去做你的事情，別在完成事情之前一味地盯著困難，這是奇蹟誕生的最好搖籃。

有耐心，才有轉機

一位德高望重的禪師帶著一個年輕的僧人外出雲遊，有一天，他們經過一條小溪，那條小溪的溪水清亮、甘爽，老禪師禁不住讚嘆說：「多麼醇美的一條溪水啊！」

年輕僧人也禁不住隨聲附和說：「這眞是塵世上難得的一條淨溪了。」老禪師笑笑，什麼也沒有說。

但不久，便下起了暴雨，那場暴雨下得風狂雨驟，滂沱大雨停下後，老禪師把缽遞給年輕僧人說：「現在，我實在口渴得很，請你帶著缽去剛才經過的那條小溪盛回一缽清水來。」

年輕僧人高興地接過缽馬上走了。

過了一會兒，僧人失望地回來了，老禪師問：「水呢？用缽盛回清水了嗎？」年輕僧人沮喪地說：「我找到了那條小溪，可那條小溪現在渾濁不堪，有小鳥飄落的羽毛，有枯草，還有許多被暴雨沖下來的枯木屑，根本就喝不成，所以我就空缽趕回來了。」

老禪師說：「那我們就等一等吧。」

老禪師和年輕僧人在樹林等了半個上午，老禪師吩咐年輕僧人說：「現在，你可以再去找那條小溪端回一缽清水回來了。」年輕僧人說：「那條小溪太髒太渾濁了，怎麼會有清水呢？」

老禪師微微一笑說：「你現在盡可放心地去，肯定能盛回來一缽清水的。」年輕僧人半信半疑地走了，他穿過茂密的樹林，走過濕漉漉的草葉上掛滿晶亮晶亮雨珠的草地，到了那條溪邊一看，他十分驚訝，原來這條小溪又清亮極了，那水像晶瑩的玉液，溪底的沙子石粒粒粒清澈可辨，游在溪水裡的小魚小蝦，像游在透明的空氣裡。僧人彎腰俯在溪邊，就像是對著一面光亮的鏡子，一根根眉毛都清晰可見……

年輕僧人高興地盛了一缽清水，然後小心翼翼地端著回去找老禪師，見到老禪師，年輕僧人說：「眞是十分奇怪，這半天的功夫，那溪水又變得十分澄澈了。」老禪師接過僧人的清水，把它潑在地上說：「我並非什麼口渴，如此三番五次讓你去看那條小溪，我只是要讓你明白一個道理。」

年輕僧人低頭想了想興奮地說：「我知道這個道理了，那就是，在生命的河流中，沒有什麼東西是永恆的，只是需要我們的耐心。」

老禪師聽了，讚許地輕輕點了點頭。

轉念智慧

生命的河流裡沒有什麼是永恆的，歡樂與憂愁，貧窮和富足，困難和得意，笑容與淚水……，只要當我們面對的時候，能有一顆平和而寧靜的耐心。

有一顆耐心，事情與世界就一定會有讓人滿意的轉機。

流過淚，才能看到彩虹

一個年輕人每天經過一條街道上班時，都能看到一位滿頭白髮的老人。老人坐在一個非常破舊的屋簷下，臉上綻滿了滿足和幸福的笑意。年輕人很不解，那個老人的衣著很一般，臉上也沒有好生活滋養出來的油色光澤，一點也不像富貴家庭養尊處優的老人，而且那麼的老，一眼望去便能知道他的過去已飽受過滄桑。爲什麼這樣的老人卻有那麼滿足和幸福的神態呢？

有一天，心情鬱悶的年輕人經過那個老人時禁不住停下了自己的腳步。他在老人身邊蹲下來，小心翼翼地問老人說：「老人家，您有一份退休金嗎？」年輕人想，看上去這麼滿足的人，肯定會有一份不菲的退休金的。但老人笑笑說：「退休金？我沒有的。」年輕人想想，又俯在老人的耳邊說：「那您肯定有一筆豐厚的積蓄了？」

「積蓄？」老人聽了，又笑著搖搖頭說：「我也沒有」。

年輕人想了想又問老人說：「那麼您的子女一定生活得很不錯，有自己的公司，或者身居要職吧？」

老人一聽，又搖搖頭說：「他們什麼也沒有，都不過是平常的工人，靠勞動掙工資，靠工資養家糊口而已。」年輕人一聽，就更加不解了，他問老人說：「我每天從這裡經過看見您，見您都是很幸福、很滿足的樣子，老人家，您能告訴我這是爲什麼嗎？」

老人說：「我每天都在看天上的彩虹呀。」每一天？年輕人更疑惑了，彩虹，年也就那麼三兩次，怎麼會每一天都有呢？見年輕人不解，老人笑笑說：「我這一輩子，討過飯，逃過荒，離鄉背井十幾年，曾經好多次死裡逃生過，唉，眞是沒有少受過難，少吃過苦，人生的酸甜苦辣，老先生兒我都嘗遍了，人生的辛酸淚水，我也流盡了。」老人又笑笑說：「可如今呢，我居有屋，食有粥，幾個兒女雖說不才，卻也每人都有一份自己的工作，都有一份自己的薪酬，小夥子，你說我能不感到滿足和幸福嗎？我能不每一天都看到彩虹嗎？」

老人頓了頓，又感嘆說：「其實哪一天沒有彩虹呢？只是沒留過淚的眼睛看不見，只要流過淚，人每一天都是能看到彩虹的。」

年輕人一聽，心頓時一顫，是啊，哪一天沒有彩虹呢？路上陌生人的一個微笑，朋友電話裡的一個輕輕問候，同事們的一次緊緊的握手，回到家裡，妻子的一聲輕輕嗔怪，女兒或兒子一個小小的親暱，出門時，父親或母親的一句淺淺的叮囑……

轉念智慧

哪一天沒有彩虹呢？只是沒流過淚水的眼睛和心靈不能輕易地看到。

每一天都有彩虹，只要我們能透過被淚水洗禮過的眼睛和心靈去看。

卷二 命運掌握在自己的手心裡

- 輕囊行遠
- 命運掌握在自己的手心裡
- 讓心靈成為花園
- 只能陪你一程
- 人生的高度
- 讓自己成為鑽石
- 追求自我價值

Change your words,
Change your world.

輕囊行遠

一個小和尚要出門雲遊，但日期一推再推，已經過了半年了，還遲遲不肯動身。

住持把他叫去問：「你要出門雲遊，爲什麼還不動身呢？」

小和尚憂愁地說：「我這次雲遊，一去萬里，不知要走幾萬里路，跨幾千條河，翻幾千座山，經多少場風雨，所以，我需要好好地準備準備啊。」

住持聽了，沉吟了一會兒，點了點頭說：「是啊，這麼遠的路，是需要好好的準備準備。」又問小和尚說：「你的芒鞋備足了嗎？一去萬里，遠路迢迢，鞋不備足怎麼行呢？」住持吩咐寺裡的僧人，每人幫小和尚準備十雙芒鞋，一會兒就送到禪房裡來。不一會兒，寺裡的僧人就紛紛送鞋來了，每人十雙，上百的僧人，很快就送來了上千雙芒鞋，堆在那裡，像小山似的，住持又吩咐大家說：「你們這師弟遠去，一路要經不知多少場風雨，大家每人要替他準備一把傘來。」不一會兒，寺裡的僧人便送來了上百把傘，堆放在住持和那小和尚的面前。

看著那堆得像小山似的芒鞋，還有那堆得像小山似的一大堆雨傘，小和尚不解地說：

「住持，徒兒一人外出雲遊，這麼多的東西，別說是幾萬里，就是寸步，徒兒我也移不動啊！」

住持微微一笑說：「別急，準備得還不算足呢。你這一去，山萬重，水千條，走到那些河邊，沒船又如何能到彼岸呢？一會兒，老衲我就吩咐眾人，每人給你打造一條船來。」小和尚一聽，慌忙跪下一迭聲地說：「住持，徒弟知道您的用心了，徒兒明白了，現在徒兒就要上路了！」

住持會心一笑說：「一個人上路遠遊，一鞋一缽就足矣，東西太多，就走不動了。人生一世，不也是一次雲遊嗎？心裡裝的東西太多，又如何能走得遠呢？輕囊方能致遠，淨心方能行久啊。」

小和尚一聽，心裡慚愧極了，第二天天剛濛濛亮，他便手托一缽立刻上路了。

轉念智慧

輕囊才能讓一個人走得遠，心淨才能讓一個人行得久。

命運掌握在自己的手心裡

老禪師正坐在禪房裡閉目打禪，一個小和尚推門進來說：「大師，外面有一個年輕人非要進來見您。」老禪師「哦」了一聲，額上的兩道白眉微微動了動說：「那就讓他進來吧。」

一會兒，那個年輕人就進到了禪師的禪房裡，老禪師問：「施主，請問有什麼事情嗎？」年輕人望著老禪師嘆息了一聲問：「大師，是不是人眞的有命運？是不是每個人一出生，他的財富、家庭、生活等命運都已被上蒼冥冥註定了？」

見老禪師閉目不語，年輕人嘆息一聲說：「如果人眞的有命運，那麼上蒼對我也太不公平了，我自小失去了父母，跟隨著叔父艱難地長大。流血流汗辛辛苦苦掙了一點錢想修幾間房子，誰知不小心又被盜賊給盜走了，盼望幾家親朋好友能給我一點資助，但他們卻個個一貧如洗……。」

老禪師閉著眼睛靜靜聽年輕人說完，才睜開眼睛示意年輕人走到自己坐的蒲團前說：「年輕人，能伸開你的左手讓我看嗎？」年輕人不知道老禪師要看他的左手幹什麼，但還是把自己的左手伸到了老禪師的眼前。老禪師用枯瘦的老手輕輕捧著年輕人的手掌，端詳了又端詳，才指著年輕人手心的掌紋說：「瞧，年輕人，這條手紋是你的生命線，它會暗示你的壽命有多久；這條呢，是你的財富線，它可以暗示你能聚集卜多少財富；還有這條手紋，它是你的婚姻線，它能暗示你的情感和婚姻。」老禪師頓了頓吩咐年輕人說：「年輕人，請你把你的左手握起來。」年輕人把自己的左手緊緊地握起來。老禪師說：「小夥子，現在你能告訴老僧你的生命線、財富線、婚姻線在哪裡嗎？」

年輕人不解地回答說：「它們在哪裡？還不就在我的手掌心裡嗎？」

老禪師一聽，就微微笑了，對年輕人意味深長地說：「是的，你的命運就握在自己的手心裡，老僧也一樣，自己的命運就握在自己的手心裡，天下芸芸眾生，別人誰都無法決定另外一個人的命運，誰的命運都只能被自己握在自己的手掌裡。」

年輕人一聽，慚愧地對老禪師深深鞠了一躬，感激地說：「大師，我懂了！」

轉念智慧

沒有人能決定你的命運，我們每個人的命運，都握在自己的手心裡，自己的命運，只有自己才能牢牢地掌握。

讓心靈成為花園

一群年輕僧人讀完了經書，就要雲遊天下到塵世中宣佛悟禪了，臨行前，寺中的長老帶他們到寺後一片長滿萋萋青草的荒地上盤腿打坐。長老指著長滿荒草、荊棘的荒地問：「如果我們想讓這片荒地清淨起來，該怎麼辦？」

一個年輕僧人說：「那好辦，將草拔掉不就行了嗎？」

長老說：「可是不久它們還會長起來的。」

另一個僧人說：「將這草一株一株連根一起拔出來。」

長老閉著眼搖了搖頭。

又一個年輕僧人說：「用火燒怎麼樣？」

長老還是搖了搖頭。

另一個年輕僧人說：「用石灰將這裡的土拌一拌總行了吧？」老長聽了，還是不滿意地搖了搖頭。

長老說：「如今，大家要到囂囂塵世去宣佛參禪，不久大家就肯定能悟出來很多大道理，怎樣才能使這塊地清淨起來，這個答案，還是等五年後大家雲遊回來再回答吧。」

於是，這群年輕僧人便紛紛離寺托缽雲遊去了。

五年後，這群年輕僧人從五湖四海結束雲遊紛紛回到了寺裡，長老笑著問：「大家雲遊萬里悟禪無數，現在總該告訴我怎樣把荒草野榛變成清淨之地的好辦法了吧？」

這群年輕僧人你看我，我看你，沉默了很久，誰都說不出一個好辦法來，長老見了，微微一笑說：「我已經把那塊荒草萋萋的野地變成清淨之地了，現在，我就帶大家去看一看。」說著，便領著眾人走向寺後的那塊荒地去。到那裡一看，大家都愣住了，原來的荒地已經不見了，沒有了萋萋野草，也沒有了張牙舞爪的一叢叢荊棘，那裡，早已是綠油油的一大片青翠玉米林了，一棵一棵玉米剛剛吐纓，又寬又綠的葉子像一根根綠絲綢的飄帶縱縱橫橫，在風中飄起一片張張揚揚綠的海洋，築起了一道綠綠的屏障。

長老笑著說：「這就是讓荒地變成清淨之地的最好辦法，那就是把它變成一片美麗的田園！」

轉念智慧

把荒地變成田園是根除野草的最好辦法，那麼，怎樣拔除我們心地上的雜草呢？最好的辦法就是在自己的心靈上撒播愛和美德的種子，使自己的心靈成為一塊善的田園。

讓心靈變成美德的田園，心靈就沒有雜草的位置，一個人就變得無私和高貴了。

只能陪你一程

一個年輕人整天遊手好閒，他交了一大幫和他一樣的朋友，他們一塊兒打牌，一塊兒喝酒，整天東遊西逛。

年輕人的父母十分焦急，他們苦口婆心地勸這個年輕人說：「你這樣渾渾噩噩怎麼行呢？你這樣會毀了自己的。」年輕人一點也不在乎地說：「我這樣怎麼不行呢？吃喝生活由你們管，有小困難時也有那麼多朋友幫著，我用得著那麼勞心費神嗎？」

父母和左鄰右舍都對這個年輕人搖頭。

一天，年輕人的伯父從遠方回來了，父母對年輕人的伯父說了年輕人的事情，伯父是個教授，他聽了笑笑說：「好吧，讓我來勸勸他。」在年輕人家裡吃飯時，伯父千方百計地勸年輕人喝酒。年輕人也仗著自己的酒量，伯父勸，他就喝，喝到半夜時，他已經有些露出醉態了。伯父見火候到了，就示意撤下酒去，然後向年輕人一家告辭，要回他下榻的旅館去。

年輕人陪著父母把伯父送到了樓下，說罷客套話後，年輕人就要轉身上樓去。這時伯父喊住年輕人說：「孩子，你不送我一程嗎？」年輕人想，伯父多年不回來，是該送伯父一程的，於是就陪著伯父走了起來，但走了很久，走了很遠的路，伯父並沒有請年輕人轉身回去的意思，眼看快要走到伯父下榻的旅館了，伯父也沒有請他止步。年輕人沒辦法，只好陪著伯父一直走到了那家旅館前。伯父在就要跨進旅館的時候像是突然想起了什麼，不好意思地笑笑對年輕人說：「讓你送了我這麼遠，你回吧，我送送你。」年輕人推辭，伯父不容分說地送年輕人往回走。走了一程，年輕人說：「伯父，您已經送我一程了，請您止步吧！」伯父說：「你送了我那麼遠，我再陪你走一程吧！」年輕人無奈，只好讓伯父陪自己走。

走了一程，年輕人又請伯父止步，可是伯父固執地說：「你從家裡送我走到了旅館，就讓我從旅館送你回到家裡吧！」看著伯父固執的樣子，年輕人沒辦法，只得讓伯父陪他又走到他家的樓前。

到了樓前，伯父告辭又往旅館走，年輕人想想，又回過頭來送了伯父一程，眼看已經走得很遠了，伯父還沒有讓他回去的意思，年輕人終於耐不住了，抱歉地對伯父說：「伯父，我就送您到這裡了，請您慢點走！」

不料伯父卻火了，衝年輕人吼道：「你怎麼不懂禮貌呢？我這老胳膊老腿的能從旅館把你送回來，你年紀輕輕的難道就不能把我送回去？不行，你把我送到旅館去，一會兒我再把你送回來！」

年輕人說：「伯父，這樣送來送去，難道我們倆今夜不休息了？送人嘛，只送一程就夠了，哪有這樣無休無止送來送去的？」

「只能送一程？」伯父說：「原來你懂得這個道理啊，那麼我問你，你的父母還能陪你的生活走多遠？你的親朋好友能在生活裡陪你走多久？孩子，沒人能陪你走過人生的全部路程的，有許多路，都需要你一個人自己走啊！」年輕人明白了伯父的苦心，十分慚愧地對伯父說：「伯父，我明白了。」

轉念智慧

沒有人會陪你走過你人生的全程的。你的父母只能陪你走過人生的一段，你的朋友也只能對你說：「走好，我就送你這麼遠了！」你的兄弟姐妹也會在成家後對你說：「沒辦法，我只能陪你這麼一程了。」

人生的全程裡有許多時候是註定要一個人走的，所以要記住，沒有人是能讓你一生一世去依靠的，一個人能永遠依靠的只會是他自己。

人生的高度

有一個年輕人，在法禪寺修行，這個年輕人很有悟性，十分聰穎，無論多麼深奧的經文，他往往一看就明白了，很受寺裡住持的器重，寺裡講經釋禪時，住持常常讓他坐壇授經，有外出雲遊的機會，住持也常常帶他去。

時間久了，這個年輕和尚的心就有些浮躁了。寺裡早九晚五上經課時，連德高望重的年邁住持都早早坐到了經殿裡，全寺就他一個人總是姍姍來遲。有時寺裡的僧人應邀下山做法事，住持派他去，他總是百般婉拒，說自己要研習經文，沒有時間。偶爾寺裡清掃庭殿，寺裡的老少僧人全都灑水的灑水，揮掃的揮掃，他卻躲起來呼呼嚕嚕地睡覺。寺裡的僧人都對他很不滿意，但他對那些僧人也嗤之以鼻，總是自高自大地我行我素。

一天，有一個得道高僧將到法禪寺掛單小住，高僧早聞法禪寺十里外有菊潭，用那潭水煮茶可養心修性，所以懇請法禪寺派人去菊潭取一桶水來，以備他早晚品茗用。住持提來一個花花綠綠的木桶，並對年輕和尚說：「寺裡其他僧眾都很忙，所以只得勞駕你去了，不過請千萬記住，這木桶不大，須得提滿滿一桶水回來，方夠高僧一天飲用。」他接過木桶，很不情願地走了。

走了十幾里，好不容易才到了翠竹掩映下的菊潭，那潭水眞的極好，甘爽清冽不說，還彌漫著一縷縷淡淡的菊香。他彎下腰去往桶裡盛水，但盛了幾次都只盛了半桶，怎麼也盛不滿，他感到十分奇怪，待細細端詳那只木桶才發覺，箍住桶子的木板有一塊只有半個木桶高，比其他的木板低了許多，任你怎樣盛，桶裡的水只能達到那塊低桶板的高度，根本沒辦法盛滿一桶水，他十分生氣，住持給了自己這樣一個有缺口的木桶，那水怎麼能盛得滿呢？

回到寺裡，他就提著半桶水去見住持，住持笑著問：「提回一滿桶水了嗎？」他將木桶的缺口指給住持看說：「這一塊桶板這麼低，怎麼能盛滿一滿桶的水呢？」

住持笑了笑說：「你看清那一塊一塊桶板上的字了嗎？」他回答說：「看了，有的寫著學識，有的寫著品行，有的寫著辛勤，有的寫著耐勞，有的寫著謙虛，那十幾塊桶板上塊塊都寫著字。」

住持說：「是啊，一個木桶十幾塊桶板，不論別的桶板再高，但只要有一塊桶板很低，那這個桶任你怎麼盛水，也只能盛到與這塊低板相同的深度，永遠都不能將桶盛滿，而一個人的學識、品行、勤懶、謙驕，難道不像木桶的一塊塊桶板嗎？既使是別的十分出色，但只要有一樣很低，他也永遠盛不滿自己啊。」

年輕和尚一聽，頓時感到十分慚愧，他馬上向住持說：「大師，我一定會將自己的那塊低桶板補起來。」

住持笑了。

轉念智慧

一個人的人生高度有多高，決定它的往往不是你最出色的那些「高桶板」，恰恰是你有缺陷的那塊「低桶板」。因此，拔高自己的長處從來是徒勞無益的，只有努力彌補自己的不足和缺陷，才是提升你自己人生高度和境界的唯一辦法。

讓自己成為鑽石

一個商人的兒子，總是跟他父親抱怨說：「我一點兒也不比別人差，但爲什麼他們都有那麼好的機遇，而我卻沒有呢？」

商人嘆了一口氣說：「你總是讓自己與你的那群夥伴和朋友們一樣，那怎麼行呢？想讓機遇來找你，你必須得比別人多點什麼吧？」商人看兒子聽不明白，便從自己的珠寶箱裡取出一粒熠熠閃光的石粒說：「這是一枚鑽石，也是一粒石粒，你想要它嗎？」

商人的兒子兩眼一亮說：「我怎麼會不要它呢？傻瓜才會不想要它，因爲它是鑽石。」商人把兒子帶到一堆沙石旁，商人撿起一粒石粒說：「這是一粒砂石，我現在把它丟進這沙石堆中，你能很快找到它嗎？」商人說著，就將那粒石粒丟到了砂石堆中，並踮起腳尖輕輕地將沙石攪了攪。

商人的兒子撿了一個小木棍，仔細地將那堆沙石翻過來，又攪過去，累得額頭冒汗，但找了半天，還是沒有找到。商人笑笑，從口袋掏出那枚鑽石說：「現在，我將這枚鑽石也丟到這堆沙石中，看你是否能夠很快找到。」商人說著，就將那枚鑽石丟到了沙石中，然後拿了把鐽子嚓嚓地將那堆沙石翻了又翻，攪了又攪。

商人的兒子又蹲下身子，用小木棍翻著，在那堆沙石裡尋找父親丟下的鑽石，但不久他就高興地找到了。

商人笑著問兒子說：「那個石粒你爲何半天都找不到，而鑽石你卻很快就找到了？」商人的兒子說：「普通沙石跟其他沙石沒有什麼不同，所以很難找到，而鑽石就不一樣了，它晶瑩剔透，又閃爍著眩人的美麗光芒，所以我一眼就能看到它。」

商人笑了，他說：「你埋怨機遇總找不到你，那是因爲你自己只是一粒普通的沙石，如果你是鑽石，就算是藏在大沙漠裡，機遇也會一眼就看見你的。」

轉念智慧

很多時候，我們也都像商人的兒子一樣，總是埋怨機遇不來光顧自己，總是羨慕別人的幸運，但如果我們只滿足於自己是一顆普通的石頭，只是沉醉於自己和大多數人一樣，那麼機遇就是翻找半天，它也不會輕易找到你。

要讓機遇一眼就看到你，你就必須讓自己成為鑽石。

追求自我價值

一位父親的幾個兒子對人生充滿了疑惑，他們常常唉聲嘆氣地跟自己的父親說：「我們這麼窮，又住在偏僻的鄉間，就是我們努力，但又能如何呢？」

父親說：「孩子們，你們怎麼能如此低落呢？雖然我們現在很窮，雖然我們住得又這樣偏遠，但你們要知道，你們與都市裡的人和那些家財萬貫的富人們一樣是生命，是人，你們並不比他們差多少。」父親頓了頓，從口袋裡掏出一張一百美金和一張二十美金的鈔票問：「這是什麼？」他的幾個兒子回答說：「是錢，是美金！」

父親將那張一百美金的舉起來問：「這是錢嗎？」幾個兒子說：「當然是。」父親又將那張二十美金的紙幣舉起來問：「這張是錢嗎？」幾個兒子不解地說：「雖然它只是二十美金，但它依舊是錢啊！」

父親說，是的，那些富人就像一百美金的大鈔，我們很窮，我們就像二十美金的小鈔，但不管它們的數額是多少，它們一樣是錢，一樣是張紙，只是人們將它們印上了不同的數字而已，這就像富人和窮人，只不過是錢多錢少而已，所以你們不必自卑，因爲你們和他們一樣是生命，是人，和他們一樣擁有陽光和上帝。

父親又看看孩子們，微笑著問他們說：「孩子們，你們誰願意要這二十美金呢？」孩子們一聽，全都跳了起來喊：「我要，我要！」父親把二十美金揉成一團問：「現在你們誰還要？」

幾個孩子仍然十分踴躍，爭先恐後地向父親喊：「給我，給我！」父親把二十美金扔在地上，又抬起腳踏上，踩了又踩，然後他彎下腰撿起鈔票，鈔票已經變得又破又髒了。父親舉起這張鈔票說：「誰還要？」他的幾個孩子仍然爭先恐後喊：「我要，我要！」

父親看了一眼自己的孩子們說：「不論這張鈔票被人裝在錢夾裡，還是被人踏在腳底下，也不管這張鈔票是完整和乾淨的，還是又髒又破的，但你們還是想要它，因爲它依舊是二十美金，它還保持著自己的那一份價值。」父親邊說邊掏出火柴來，呼地一簇火苗將這張鈔票點著了，待它成爲一撮灰燼時，父親望著驚訝不已的孩子們問：「現在，你們有誰還要這二十美金鈔票呢？」

孩子們不解地盯著那撮小小的灰燼，誰都不說話，只是望著父親。

父親沉默了一會兒說：「當這二十美金自暴自棄失去了價值的時候，沒有人願意要它了，我想，現在連乞丐也不會要它的。」

「孩子們，人就像這張鈔票一樣，保持著自己的價值，在別人眼裡，你才會有價值，如果你自我貶值，失去了自己生命的價值，那你在別人的眼裡就一文不值了。」父親說。

轉念智慧

何嘗不是呢？一個保持和追求自身價值的人，那麼它在別人的眼裡就是一枚鑽石或黃金。一個自我貶值和失去價值的人，那麼它在別人的心裡就一文不值。能把黃金和鑽石毀成灰燼的，那就是一個人心靈的自我貶值。

卷三 活在當下

- 把握現在才是握住生命
- 生命是一筆財富
- 人生，不能隨便打草稿
- 窮人最缺什麼？
- 改變自己，比改變世界更簡單容易
- 不敗給自己
- 移除心中的橫欄
- 尋找快樂

Change your words,
Change your world.

把握現在才是握住生命

蘇格拉底快要去世時，他的一群弟子們來到他的病床前，默默流淚的弟子們對他說：「過去，老師您曾給了我們不少的教誨，您就要走了，您能給我們迷茫的未來告誡些什麼呢？」

「過去、現在和將來？」蘇格拉底微微睜開他的眼睛自言自語了一句，然後略一沉吟，便淡淡地笑笑說：「好吧，那還是讓我給你們講個故事吧。」

蘇格拉底緩緩地說，曾經有一個哲學家，在經過希臘的一個遠古廢墟時，他累了，於是，他坐在廢墟的一塊石頭上歇息。望著這一片歷史的廢墟，哲學家禁不住感慨萬千連聲嘆息，忽然，有人說：「你感嘆什麼呢？」

哲學家四下張望，卻沒有看到半個人的蹤影。這時，那聲音又對他說：「不要張望，我就在你坐的身下。」哲學家聽了，立刻跳了起來，對著自己剛才坐的地方看了又看，只有一個幾乎被灰沙埋沒的石塊，其餘什麼也沒有。

那個聲音笑著說：「我在這兒呢，我就是這塊石頭，你把淹沒我的那些泥土扒開就能看到我了。」哲學家按照吩咐，扒開了石頭周圍的那些泥土一看，那塊石頭原來是一個神像，但令人奇怪的是，這尊神像卻有一前一後兩個面孔。正在這時，這尊神像說話了：「你看見我有兩張臉，一定感到很奇怪吧？其實，沒有什麼奇怪的，因爲我是『雙面神』。」

哲學家還是很驚奇，問那尊石像說：「你爲什麼要有兩個面孔呢？」那尊石像得意地說：「這你就不懂了，我的一張臉可以望見過去，另一張臉可以展望未來，這是多麼偉大的事情啊！」

「過去和未來？」哲學家沉思了一下問：「那麼現在呢？你能看見嗎？」石像不屑地說：「望過去，我可以回憶起許多美好的事情，展望將來，我可以幻想和憧憬將來許多美好的事情，這多好啊，然而現在又有什麼呢？」

哲學家一聽，笑了說：「現在，你的身旁綻開著一朵花，它那麼地美麗、那麼地芬芳，你能感受到嗎？」石像搖了搖頭。哲學家又說：「現在，有一縷縷清風從你的臉上輕輕地拂過，它是那麼地柔和，那麼地清爽，你能感覺得到嗎？」石像聽了，又惆悵地搖了搖頭。

哲學家惋惜地說：「現在，我身邊藏著一壺飄香的美酒，它是這麼的醇厚，它是這麼的甘美，我可以有滋有味地品嘗它，而你卻不能。回望過去，這壺美酒對你來說，不過是一杯水和穀物，遠沒有釀成一壺美酒；而展望未來，這壺美酒早已被我喝掉了，你不能看到美酒，只能看見一隻空了的酒壺，更別說一杯一杯美美地享用了。你說，只有過去和未來，而不能擁有現在有什麼可以稱道的呢？」

那尊石像一聽，頓時哭了說：「原來我只活在夢中啊，而活在夢中，一切都是虛無的，什麼也不能得到啊。」

蘇格拉底講完了，他的弟子們說：「老師，這故事讓我們明白了一個道理，只擁有過去和將來就等於沒有生命，最能體現人的生命的，只能是現在。」蘇格拉底笑了。

轉念智慧

過去是虛無，未來是虛空，只有把握現在，才是真正把握住了自己的生命。

生命是一筆財富

一個年輕人，做生意被騙了，賠得血本無歸債台高築，年輕人很沮喪，一個人來到海邊，決定不活了，要投海自盡。

就在年輕人站在懸崖旁，長嘆一聲就要閉眼跳下的時候，一個老人拉住了他，老人說：「年輕人，怎麼這麼傻呢？」年輕人哭著說：「不是我傻，我做生意被人欺騙了，賠得一無所有不講，還欠下親朋好友許多的債，眞是上天無路入地無門，所以只好走這條絕路了。」老人同情地聽年輕人說完，笑笑說：「年輕人，你不過就是欠下了債嗎？想賺回來，那是很容易的。如果你願意，我們可以談一筆生意。」年輕人心如死灰地說：「我如今身無分文，一點本錢也沒有，還能做什麼生意呢？」

老人笑了說：「不，年輕人，你很富有，你有雄厚的本錢，如果你樂意，我可以把我的想法說給你聽聽。」年輕人想，反正自己是死路一條了，不過是早死一會兒晚死一會兒的事，聽聽這個老人絮叨絮叨也不是什麼壞事情，於是淡淡地說：「您說吧。」

老人說：「第一筆生意不需要你去投入一分錢的本錢，是這樣的：有一個電影明星，有很多的錢，演技很出色，很有發展前途，但令他遺憾的是，年幼的時候，他的一根手指不幸被機器砸斷了，他想買一根修長的指頭，讓醫院做一個斷指再生手術爲他接上，他可以付兩萬元，年輕人，這筆生意你樂意做嗎？」

一根手指才區區兩萬元？年輕人想想搖了搖頭說：「價格太低了。」老人笑了笑。

老人說：「這第二筆生意是，一個億萬富翁的腎臟衰竭了，他想買一顆年輕而健康的腎臟，出價二十萬元。小夥子，你願意做這筆生意嗎？」

一顆腎臟才二十萬元？年輕人聽了，馬上就搖搖頭說：「二十萬太少了，傻瓜才去做這樣的生意！」老人笑笑對年輕人說：「太可惜了，年輕人，這麼多錢你不去拿，卻要白白把它扔到海裡去，年輕人，你是不是傻瓜呢？」年輕人愣住。

老人淡淡一笑解釋說：「你這麼年輕，你的頭、四肢、眼睛、腎臟至少可以值一百萬，但你現在卻想把它白白扔進大海裡，那時，海是不會給你一分錢，魚們也不會給你一分錢，一百萬塊錢丟進了海裡，你什麼也得不到，你說你不是這世界上最大的傻瓜嗎？」

自己價值一百萬？自己還是個百萬富翁？自己雖然已經是一無所有，但自己還有生命，生命難道不是一筆巨額的財富嗎？年輕人笑了，高興地向老人道謝說：「謝謝您老人家的指點，我再也不會自殺了，因爲您讓我明白雖然我賠了錢，但我仍然很富有，因爲我有年輕的生命，生命就是一筆財富啊！」

轉念智慧

生命就是一筆財富，生命就是一種資本，可能你現在還一無所有，也可能你現在還一文不名，但你並沒有山窮水盡，你還仍然是一位百萬富翁，你仍然擁有雄厚的資本，你仍然可有柳暗花明的成功機遇……，因為，你還擁有生命。

人生，不能隨便打草稿

年輕人拜一位丹青名家爲師，立志要當一個畫家。

年輕人是個十分節儉的人，學畫時捨不得用上乘的宣紙，他用的全是一些廢紙，有的是別人已用過的紙的背面，有的是已經染上了黃漬別人丟棄不要的，甚至還有許多是幾年前的廢舊報紙。朋友勸他說：「練習畫畫，要用好紙才行。」他笑笑說：「我這只不過是練習，是打草稿，用好紙太浪費了。」

練習了幾年，他的畫一直沒有多大的進步，他十分苦惱，對他的老師說：「老師，我覺得我跟您學畫挺勤奮的，別人一天畫一兩幅，我卻畫了七八幅，別人很早就睡覺了，但我每天都堅持練到了深夜，我畫的草稿，現在一車都運不完，爲什麼我這麼勤奮、這麼刻苦，卻總是沒有多大的進步呢？」老師翻看翻看他在廢紙上畫的一疊疊草稿，沉吟了半天說：「從明天起，你不要再用這些廢紙打草稿了，你買些最貴也最好的宣紙試一試吧。」

他想不明白，自己畫技沒有進步，跟用什麼樣的稿紙有什麼關係呢？難道給一個沒練習過繪畫的人一疊好紙，他就能創作出一幅上乘的作品，給一個美術大師一張廢紙，大師就畫不出一幅好作品來了嗎？想不明白歸想不明白，他還是按照老師的吩咐，從第二天起，就買來了一疊又貴又好的上乘宣紙，開始在好紙上一筆一畫地練習了起來。

練了半年，他的畫技奇蹟般地明顯進步了，朋友們都很驚奇，問他爲什麼以前練了那麼多年卻進步很小，如今，不過是短短半年的功夫，他的畫技卻提高得如此之快呢？他想了想說：「過去練習繪畫時，我用的全是別人丟棄不要的廢紙。每當我拿起畫筆面對稿紙的時候，我都這樣想：這都是些別人丟棄不要的廢紙，我只不過是在一張張廢紙上打草稿而已，一張畫不好，就扔掉，再在另一張上畫，反正是打草稿，這些廢紙多得是，所以每次沒有構思好，我就匆忙下筆了。但現在不同了，當我面對一張張潔白無瑕又價格昂貴的上乘宣紙時，我的心總在提醒自己：這都是些上乘的好紙，價值不菲來之不易啊！所以當我提筆要在上面畫畫時，我都是愼之又愼，生怕畫出一筆敗筆來，一筆一畫我都是運籌了好久，思索了好久才敢動筆畫上去的。用心去練，怎麼會沒有進步呢？」

轉念智慧

難道不是嗎？我們都很不經意平常的日子，只把它們視為我們人生的一頁頁廢紙和舊紙，塗壞一張就塗壞一張吧，一點兒也不心疼，總以為來日方長，這樣的舊紙廢紙還多的是，不能以認真、務實的心靈去對待每一天，使許多珍貴歲月都不聲不響地白白溜走了。生命沒有實習期，生命也從來不會有草稿，你今天生活的草稿，就是你永遠無法能夠重新更改的一張生命的答案卷。珍惜我們生活的每一天，因為生命從來就不能給予我們一次打草稿的機會。

窮人最缺什麼？

法國媒體大亨巴拉昂出身貧寒，他出生在法國南部一個偏僻、貧窮的村莊裡，後來，他們舉家遷移到巴黎，在巴黎的一個貧民區裡生活並長大。

十六歲的時候，巴拉昂輟學了，他到一家旅館找了一份做服務生的工作。在旅館裡，這個一臉稚氣的服務生是最有名的好奇者，一旦旅館入住了一位一擲千金的大富翁，巴拉昂便要好奇地打探這位富翁是做什麼的，是哪裡人，甚至還要千方百計弄明白這個富翁的父親是做什麼的，祖父是做什麼的，他們是如何出人頭地成了富翁的。旅館的人都覺得這個孩子挺可笑，一個接待，辛辛苦苦工作一個月只能賺得那一點少得可憐的法郎，不用心去賺取法郎，老是好奇別人做什麼？

有一天，法國最富有的報業巨頭到這家旅館舉行宴請酒會，看著那豪華的燈光酒影，看著那一群群氣宇不凡的社會名流眾星捧月似地圍著那位報業巨頭，年輕的服務生巴拉昂再也沉不住氣了，他向旅館裡的同事詢問報業巨頭是怎麼發跡的，並向報業巨頭的身邊人員打聽這位報業巨頭曾經繼承了多少遺產，他的父親和祖父原來是經營什麼的？旅館的老闆對巴拉昂十分不滿，把巴拉昂招進他的經理室譏諷說：「你打聽那些東西幹什麼？請你記住，你只是個服務生，住在那個污水四流臭氣熏天的貧民區裡，你的父親只是一個靠苦力養家糊口的下等市民，你永遠也不可能和人家大名鼎鼎的報業巨頭相提並論，人家是擁資千萬的大富翁，而你，只是一個一文不名的下等服務生！」

巴拉昂不屈服地分辯說：「但我知道，報業巨頭不是生下來就是大富翁的，他的父親只是一個街頭小商店的商店主，而他的祖父和我的父親一樣是一個貧民區的苦力工。」旅館老闆說：「可是這一切又能說明什麼呢？」

巴拉昂回答說：「這說明我現在的處境並不比他差多少，或許有一天，我也可以成為一個腰纏萬貫的報業大王的！」回到家裡，巴拉昂跟自己的父親談起自己的夢想，他的父親說：「孩子，這絕對是不可能的，你的這種想法不是夢想，它只能叫奢想或野心。」

巴拉昂說：「怎麼會不可能呢？因為他的祖父曾和你現在一樣，只是貧民區裡的一個苦力工。我們能比他們差多少呢？」

不久，巴拉昂就堅決辭掉了旅館服務生的工作，先是到那個報業巨頭的公司做了一個送報生，然後進入報業公司的印刷廠當排字員、校對員，後來成了一名記者。

二十多年後，巴拉昂終於建立起了自己的報業公司，並擁有了自己的電台和電視台，成了法國擁資最多的傳媒大亨。

七十六歲的時候，巴拉昂走到了自己生命的盡頭，臨終前，這位出身平民的富翁把四點五億法郎的股份捐獻給了研究前列腺癌，另有一百萬法郎，他立下遺囑說：「誰如果能正確回答出窮人最缺什麼，就把這一百萬法郎獎給誰。」他把謎底鎖在他自己的保險箱裡，結果，在收到雪片似的四萬五千八百六十一封來信中，只有一位名叫蒂勒的小女孩答出了和巴拉昂鎖在保險箱裡的謎底相同的答案，那就是：窮人最缺的是野心！

轉念智慧

這是巴拉昂由一位貧民區的窮少年奮鬥到法國媒體大亨的寶貴體會和告誡：雖然你現在窮得無所有，但要富有起來並不難，只要你有野心，只要你有夢想。

窮人最缺的是野心，那麼人生最缺的是什麼呢？

肯定和野心一樣，是野心的另一個代名詞，叫：夢想！

改變自己，比改變世界更簡單容易

在遠古的非洲，人們還不知道什麼是鞋子，一位部落酋長想到遠方去和另一個部落首領認識並結盟，可是路實在太遠了，而且遍布著毒蛇和荊棘。

酋長想就赤著腳板去，但怕荊棘一旦把腳割破了，能不能靠一雙破腳走到那個部落很難說，而且，赤著一雙血肉模糊的腳板去，不僅僅是對別人的不尊重，說不定還會被那個部落的人瞧不起，那些人也許會指著酋長的破腳板說：「這麼貧窮又這麼沒有智慧的部落，和他們結盟有什麼意義呢？」

酋長讓部落裡的智者們都想辦法，智者們想了好久說：「派一幫年輕人抬去怎麼樣？這樣你的腳板就不會被荊棘和石塊給割爛了。」酋長聽了，點點頭，但馬上又搖了搖頭說：「不行！讓他們抬我去，雖說我的腳可以避免被割爛，但抬我去的那些人的腳板肯定會被割爛的，一雙爛腳板都會被人家瞧不起，何況幾十雙爛腳板呢？而且讓別人見了我是被人們抬去的，那個部落的人會認爲我是個殘暴又無情的酋長，肯定會從心眼裡更瞧不起我的。」

酋長憂愁地皺著眉頭說：「不行，你們必須想出一個更好的辦法來！」智者們十分爲難地走了。

過了幾天，一個智者高興萬分地來拜見酋長說：「至高無上的酋長啊，我終於想出一個奇妙的主意啦。」酋長一聽，頓時眉開眼笑說：「快，快，快把你奇妙的主意告訴我！」這個智者得意地說：「我們用獸皮給你鋪一條路，一直鋪到那個部落裡去不就行了嗎？」

酋長一聽，不禁欣喜若狂說：「對呀對呀，這眞是一個奇妙的主意！」但轉念一想，酋長又憂愁了，酋長說：「從我們這裡一直鋪到那個部落裡去，這麼遠的路，需要多少的獸皮啊，就是狩獵到我老死，也遠遠獵不到那麼多的獸皮啊！」智者們一想，是啊，那得多少獸皮才夠用呢，那麼遠的路，就是獵盡這大草原上所有的動物，牠們的皮怕是也不能鋪到。

酋長和一大群智者們把腦袋都想痛了，但是仍然想不出一個合適的辦法來。

這時，一個年輕人聞訊來見酋長說：「至高無上的酋長，我們雖然沒辦法改變草原上的長路，但我們總應該能夠有辦法改變我們的腳板吧？」

酋長的雙眼一亮，高興地鼓勵那個青年說：「年輕人，快把你的好主意說出來！」年輕人走到酋長前，從腰上解下兩塊獸皮，然後彎下腰去，用獸皮把酋長的腳包裹起來說：「這樣您的腳板就不會被那些可怕的荊棘割破了。」酋長走到外面的野地裡試了試，驚喜地說：「這眞是一個絕對奇妙的主意！」

後來，那酋長果然就用獸皮裹著腳走到了那個遙遠的部落，並且，他的腳板果然完好無損。

轉念智慧

有許多時候，我們可能沒有能力去改變世界，甚至改變我們周圍的環境，但我們可以試著去改變一下自己。

改變自己，總比我們去改變別人和世界更簡單和容易。

不敗給自己

一位圍棋高手退下來後被聘為教練，他培訓年輕選手的方式十分特別。

他不教年輕棋手們怎樣去進攻別人，也不教年輕選手們如何運用謀略，他和徒弟們天天對弈，分出輸贏後，讓他們記住他們自己對弈時的每一步，然後，讓棋手們仔細推敲他們自己的每一步落子，找出自己的失誤，這就是他安排給那些年輕棋手們的作業。找出自己失誤多的，他就表揚，找出自己失誤少的，他就十分嚴厲地予以批評。

這樣教的時間長了，那些年輕棋手們紛紛就有了意見，大家都說他的教棋方式太單調，既不能旁徵博引講出令人信服的理論，也沒有實戰的經驗和技巧，雖說他過去是個棋道高手，但他不適宜當教練，同行的幾位教練也對他十分不解，怎麼能如此教棋呢，不傳謀略，不傳技巧，只讓棋手自察失誤，如此怎麼能培訓出一流的棋手呢？

面對年輕棋手們的不滿和同行教練們的不解，他依舊我行我素，還是認眞的讓棋手們個個體察自己對弈時的失誤，有時，他只是給他們一個簡單的提醒，更大的失誤，都讓年輕棋手們自己去發現和體察，剛開始時，每局對弈下來，每個棋手都能找出自己的諸多失誤，甚至許多人都覺得自己簡直是個臭棋簍子。但天長日久，那些棋手們的失誤越來越少了，有的甚至一局對決下來竟沒有一次的失誤。這個時候，選手們開始向他要求說：「給我們傳點理論和技巧吧，對弈，畢竟是要取勝於別人，不是自己和自己決勝負，沒有謀略和技巧怎麼行呢？」

他冷冷一笑說：「棋道，沒有什麼技巧，也沒有什麼謀略，一個對弈高手，最大的技巧就是能輕而易舉地發現自己的破綻，最高的謀略就是能夠避免自己的失誤！」後來，他培訓的選手參加對弈大賽，和許多頂尖的棋手對決，很多高手都紛紛被他們一一擊敗，那些高手們驚訝不已，各個搖著頭嘆息說：「這些年輕選手們太厲害了，雖說他們沒有什麼技巧和謀略，但我們卻絲毫找不到他們的破綻和失誤，他們贏就贏在他們沒有失誤上。」

獲勝之後，那些年輕選手們欣喜若狂地回來向他報喜，他說：「一個棋手能否贏得別人，技巧和謀略都無關緊要，最重要的是他要贏得自己，杜絕自己的失誤，沒有失誤，就沒有破綻，任何人都對你束手無策了。」

是啊，人生難道不是一場對弈嗎？那些善於發現自己不足的人，他們及時克服自己的失誤，不給自己的對手留下絲毫破綻，穩紮穩打，步步爲營，於是他們獲勝了，而那些不能發現自己不足的人，他們的失誤造成了一個又一個的破綻，給了對手一次次進攻他們的機會，於是，在一次次的不慎失誤裡，他們被對手抓住機會澈底擊敗了。

轉念智慧

自己的失誤，往往就是對手擊敗自己的機遇，許多時候，我們並不是失敗於自己的弱小，而僅僅是失敗於自己的失誤。

失敗，常常是因為自己首先敗給自己。

移除心中的橫欄

世界短跑名將路易士回到他的母校時，他的老師及校友們和他做了一個有趣的遊戲。路易士和幾個校友被帶到一間屋子裡，然後用黑布蒙上他們的眼睛，他的體育老師跟別的人什麼也沒有說，只是告訴路易士說：「這是一場跨欄短跑賽，看看你被蒙上眼睛後還能跑出怎樣的速度。」

路易士問：「是否一切都如眞的跨欄比賽一模一樣？」他的體育老師說：「是的，除了蒙在眼睛上的黑布外，一切都和百米跨欄短跑賽一模一樣！」

路易士和幾個校友被蒙著眼睛帶到了起跑線上，當發令槍「砰」地一聲響過後，路易士和幾個參與遊戲競賽的選手馬上跑了起來，而當其他的選手甩開雙腿低著頭如離弦之箭拚命地向前衝刺時，路易士卻小心翼翼。他邊跑邊隨著自己的步伐嘴裡不停地念叨著什麼，在別的選手毫無顧忌地向前奔跑時，路易士卻每隔幾步就要像奔鹿似地高高躍起，像是正在跨越什麼，令觀眾感到十分地好笑。

其他選手早就跨越終點線時，世界短跑名將路易士卻被遠遠地甩在後面。到達終點後，主持遊戲的老師要求他們不要馬上揭掉自己眼上的那塊黑布，給他們宣讀了各自的賽跑成績，當然，路易士是成績最差的。主持遊戲的老師問路易士面對如此糟糕的成績有些什麼感想？路易士不好意思地說：「我沒有想到我的校友們百米跨欄水準竟如此高超，因爲在比賽中，我沒聽到任何橫欄被撞倒的聲音。我更沒有想到自己跨欄的經驗已經如此地精確，當我在心裡暗暗數著自己的步伐，僅憑自己的感覺跨過一次次橫欄時，我也沒有撞到過一次橫欄，我爲自己的感覺和經驗而深感自豪和滿意！」

面對洋洋得意的路易士，主持遊戲的老師吩咐取下路易士和其他選手臉上緊蒙著的那一塊黑布。

取下黑布，看了一眼跑道，路易士就愣住了，因爲他剛剛跨欄的跑道上並沒有任何一道橫欄。老師微笑著問路易士：「現在你總該知道自己落後的原因了吧？」

路易士說：「是的，是因爲你告訴我這是一場百米跨欄比賽。」

老師聽了搖搖頭說：「不，不是這樣，只是因爲你的心裡有著一道一道高高的跨欄，正是這些跨欄攔住了你奔跑的腳步。」路易士邊聽邊點頭，最後，他補充說：「還有一條也很重要，那就是我的百米跨欄感覺和經驗！」

老師和校友們都爲路易士熱烈地鼓起掌來。

轉念智慧

在我們的人生中，我們所遇到的最大障礙，不是那些風雨和坎坷，而往往是經驗和常識在我們心靈上搭起的一道道跨欄，由於這些橫在心靈上的木欄，我們變得怯弱、畏懼和邁不開腳步了。

不可逾越的不是高山，而是你心靈上的一粒塵埃。只有搬掉我們心靈上的跨欄，我們才能真正跑出自己的最佳速度。

尋找快樂

一群年輕人整日遊手好閒，他們到大街上閒逛，到酒吧裡喝酒，到公園的長椅上百無聊賴地閒坐和睡覺。「這眞是連一點意思也沒有的生活，簡直是無聊透頂，我已經過夠了！」一個青年說。

「是啊，這種生活眞是沒意思，連一點快樂的感覺也沒有。」有人附和說。「但肯定有一種生活是快樂的，只是我們沒找到罷了，不如我們現在就去尋找吧？」

「對，與其這樣無聊透頂活著，不如我們去尋找快樂去！」於是一群年輕人出發了，他們先是在街上遇到一個哼著小曲的馬車夫，「瞧他那得意的樣子，悠閒地叼著煙斗哼著小曲，心裡肯定快樂極了，我們去找他問一問快樂去！」這群年輕人攔住了馬車夫，馬車夫說：「快樂？我當然很快樂了，剛剛有一位老闆僱用了我的馬車，但現在，又有一位先生主動僱用我的馬車了，我這半天都有事做了，你們說我能不從心裡感到快樂嗎？」靠給別人出力做事換取快樂？年輕人可不願獲取這樣的快樂，於是這群年輕人不滿地走開了。

他們在莊園附近遇到了一個笑眯眯的農夫，他們攔住滿臉自足的農夫說：「你這樣高興，肯定生活得十分快樂了，你能告訴我們，你自己是怎樣才生活得如此快樂嗎？」農夫說：「我種了二十多畝地，今年又風調雨順，我的莊稼一天一個樣，到了秋天，肯定能多收不少糧食，一家人從此吃喝不愁，你們說我能不快樂嗎？」原來只爲莊稼長得好秋天可以多收一些糧食就値得這樣快樂？年輕人們十分失望。於是他們又走了。

他們遇到過牧人，牧人爲發現一片肥美的水草而快樂；他們遇到過木匠，木匠爲完成一把小木椅而快樂；他們也遇到過乞丐，乞丐爲得到別人施捨的一小塊麵包而快樂……，他們越來越不明白，爲什麼那麼微不足道的小事，卻能讓那麼多的人感到快樂呢？

最後，他們找到了一位哲人。哲人聽了，微笑著說：「這很簡單，你們能夠造出一條船來，那麼你們就各自找到自己的快樂了。」年輕人們聽了，半信半疑。一個渾身力氣的上山伐樹，一個喜歡設計的忙著待在家裡畫設計圖，而另一個喜歡做木工的則推拉刨鋸砰噹噹做起了木工的活，還有一個喜歡雕刻的則在木頭上匠心獨具地做起了雕刻來。一個多月過去了，他們個個累得渾身痠痛，但依然興趣不減，有的半夜來了靈感，還興味盎然地爬起來做。

木船造好了，年輕人們把它推下水，木船做得又大又漂亮，年輕人們邊奮力划槳，邊快樂地齊聲歌唱了起來，哲人問：「年輕人，你們快樂嗎？」年輕人們個個臉上蕩滿了喜悅的笑意，他們回答說：「我們當然快樂了！」

哲人說：「快樂就這樣簡單，當你在某一個時候為你的目標而忙碌得無暇顧及其他的事情時，快樂就會光顧你了。」

轉念智慧

人生的幸福其實就是這麼地簡單，當你為你喜愛的事業而忙碌不停的時候，心靈的快樂就在其中。

快樂，就在一個人的忙碌裡。

卷四 付出與收穫

- 收穫前，先學會付出
- 比別人多付出一點點
- 直線，並不是最短的距離
- 用心耕耘，就會受青睞
- 巨大的成功，從細微的收穫開始
- 最困難的時刻
- 一句千古經典的箴言

Change your words,
Change your world.

收穫前，先學會付出

一個年輕人，準備在他家所在的那條街上開一家商店，他向他的父親徵求意見：「我想在我們這條街上開店賺錢，得先準備些什麼呢？」

他的父親想了想說：「我們這條街商店已經不算少了，但店面還有的是，你如果不想多賺錢，現在就可租兩間店面，擺上貨櫃、進一些貨物開張營業。如果你想多賺錢的話，就先得準備爲這條街上的街坊鄰居們做些什麼。」

年輕人問：「我先做些什麼呢？」

他的父親想了想說：「要做的事很多，比如，街上的樹葉很少有人打掃，你每天清晨可以將街上的落葉掃一掃，還有，郵差每天送信，有許多信件很難找到收信人，你也可以幫忙找一找，然後將信及時送給收信人，另外，還有許多家庭需要得到一些小幫助，你可以順便給他們幫一把……。」

年輕人不解地問：「可是這些跟我開商店有什麼關係呢？」他的父親笑笑說：「如果你想把自己的生意做好，這一切都會對你有幫助，如果你不希望把生意做好，那麼這一切也許對你沒有多大的作用。」

年輕人雖然半信半疑，但他還是像他父親說的那樣一一做了，他不聲不響地每天打掃街道，幫郵差送信，給幾家老人挑水劈柴，誰遇到困難需要幫助，年輕人一聽說就去了。不久，這條街上的人們都知道了這個年輕人。

半年後，年輕人的商店掛牌營業了，讓他驚奇的是，來的客戶非常的多，遠的、近的，差不多一條街上的街坊鄰居全都成了他的客戶，甚至街那邊的一些老人，捨棄距他們較近的店而不入，拄著拐杖，很遠地趕到他的商店裡來買東西。他驚訝，問他們說：「你家的門口就有商店，怎麼會捨近求遠呢？」

他們笑笑說：「我們都知道你是個好人，來你的店裡買東西，我們特別放心。」後來，他送貨上門，遇到一些暫時困難的人家，他總是先讓他們取需要的貨物，等什麼時候人家有錢了，再來給他還上，知道有人遭遇了不幸，他會主動登門慷慨相助。

幾個月後，鄰街上的許多人也紛紛湧到他的店裡來買東西，又過一年多，全城的人都知道了他和他的小店，都一齊湧來，於是他在另外一些街道上開起了一個個分店、連鎖店，生意滾雪球般越做越大，錢當然也越賺越多，僅僅幾年的時間，他就從一個一文不名的年輕人，搖身變成了一個擁有千萬資產的企業家。

有一天，記者採訪他，問他短短幾年爲什麼能有如此大的收穫時，他想了想說：「因爲在學會收穫前，我先學會了付出！」

轉念智慧

農人在收割穀物前，先付出了耕耘、鋤草、施肥和澆溉；一棵樹在結出果實前，它已付出了綠葉和花朵；蛹在成為美麗的蝴蝶前，牠已付出了孕育和蛻變；河流在成為大海前，它已付出了跋涉和匯聚……

想要收穫，必須先學會付出。

比別人多付出一點點

棲霞是聞名中國的蘋果主產區，這裡的蘋果很大顆、汁多、脆甜，深受全國各地人們的喜愛，幾家較早開闢蘋果園的人，很快就富了。

見種植蘋果的人富了，許多人蜂湧而起一下子建起了許多蘋果園，沒幾年，棲霞遍地是蘋果，蘋果成熟時，堆積如山的蘋果銷路成了問題，讓許多果農愁得一夜白了頭。一個果農擔憂地對自己的兒子說：「蘋果這麼難賣，明年我們毀掉果園種其他的吧。」

果農的兒子說：「我們果園經營這麼多年，好不容易才剛到盛果期，毀掉就前功盡棄了，幾年的血汗就白流了。」

果農傷心又無奈地說：「那又有什麼辦法呢？」

果農的兒子說：「先不要毀，讓我再想想辦法吧。」

第二年，這個果農的果園沒有毀。五月份，當蘋果長到半熟時，其他的果農悠閒地在樹下打牌、聊天，等著果園裡的蘋果成熟時，這個果農的全家人卻開始忙碌起來了，他們拿著剪好的「喜」、「祝你發財」等等的一張張剪紙，用膠將這些剪紙一一貼到那些個頭大、果形好的蘋果上，只幾天便把整個果園的蘋果給貼滿了。其他的果農說：「蘋果都半熟了，還忙什麼？歇著等蘋果熟就行，銷路難找，是大家都難找，你一家忙什麼？」這個果農笑笑說：「閒著也是閒著，我們只是比大家稍稍忙一點點而已。」

蘋果成熟後，果然銷路仍然很難找，當其他果農爲自己堆積如山的蘋果銷路愁得寢食難安時，這個果農的果園卻湧滿了全國各地來的訂貨水果商。甚至許多水果商為訂蘋果排起了長隊，有的主動向果農提高了蘋果的價格。鄰近的果農看著川流不息駛向這家果園的大貨車，不明白同是紅富士，蘋果個頭、果形也差不多，為什麼他家的客商絡繹不絕，而自己家卻門可羅雀呢？他們攔住了一位水果商，水果商拿出兩個蘋果說：「人家的蘋果上有『喜』字，有『祝你發財』，這樣的蘋果在市場上很搶手，你們有嗎？」幾位果農明白了，原來人家在半熟的蘋果上貼剪紙，蘋果紅後，那剪紙就在蘋果上留下了清晰的字跡。但這並不是多麼複雜的事情呀，有字的蘋果，僅僅比普通的蘋果多一個或幾個字嘛，不就只多了一點點嗎，怎麼銷售時差別卻這麼大呢？

一位水果商說：「不錯，就是只多了那麼一點點，所以多一點點的，和少一點點的，就有天壤之別了。」

轉念智慧

有許多人原本和我們一樣，只是他們比我們多了一點點的勤奮，所以他們成功了，而我們卻依舊普通著；有許多人原本和我們一樣，只是他們比我們多了一點點人生的執著，所以他們成就了奇蹟，而我們卻成為了人生的庸者……

只多一點點，比小溪多一點點就成了大河，比大河多一點點就成了大江，比大江多一點點就成了大海。一個人的失敗就因為他比別人僅僅少了一點點，而一個人的成功也因為他比別人僅僅多了一點點。

比別人多一點點，那麼別人是小溪，你就可以成為生命的海洋。

直線，並不是最短的距離

十八歲那年高中畢業，我到鎮上的磚窑廠去打工，老闆推來一輛拉車對我說：「你拉土吧。」於是，我就成了運土組裡一名最年輕的組員。

我們的任務就是每人一輛拉車，在距窖廠近一公里遠的採土區裝滿土後，一車一車運到窯廠來，每人每天二十車，從採土點到窯廠，是三十度左右一個漫長的陡坡道，平常一個人拽一輛空車拉車都很吃力，何況裝滿一車沉重的黃泥土呢？我弓著腰，拚命拽著拉車的背帶，繃緊雙腿狠勁兒地往上拽，胳膊發麻，兩腿累得直打哆嗦，汗珠叭噠叭噠地摔到地上，在落滿厚厚積塵的陡坡上砸出一串又一串密密麻麻的點。第一天艱苦地結束了，拖著滿身的酸痛到記事板前一看，別人的任務都完成了，我才運了十五車。我愣住，怎麼會這樣呢？他們拽著拉車在陡坡上左扭右拐，只有我是拚了命狠著勁直線走的，怎麼還比他們少？兩點之間直線最短啊！

第二天運土，看著我累得站都站不直的樣子，鄰居劉大叔說：「你這樣拽車不行，人累垮了，任務還無法完成。」劉大叔邊說邊給我做示範說：「瞧，先往右斜著走，再往左斜著走，就這樣一直左斜斜右斜斜，不用太費力就拽上去了。」我看著劉大叔的車轍，一直呈『之』字型的蜿蜒著爬上了陡坡。我心裡直覺得好笑：這樣走，至少比直線走多了一倍的路，怎麼能又快又省力呢？

但我還是依照劉大叔的走法試了試，一試果然省力了許多，天快黑的時候，我很輕鬆地拽完了二十車黃土。開始的時候我挺不解，怎麼走曲線比走直線還省力還更快呢？但漸漸我就明白了，劉大叔們這種上陡坡走曲線的方法，左一斜右一斜的，就把陡坡的坡度一點點斜緩了，三十度左右的陡坡，或許被他們斜成了十度或五度。

其實，人生對於我們每一個負重的人又何嘗不是一個漫長的陡坡呢？我們精疲力竭地拚命走直線，企望盡快地登上輝煌的頂點，但卻常常落在那些輕輕鬆鬆走曲線的同行者身後。在我們人生的陡坡上，直線並不是最短的距離，能夠使我們更快更省力地達到輝煌頂點的，或許是曲線。

轉念智慧

曲徑通幽，曲是一種便捷，曲是人生的一個大境界，在我們人生的漫長陡坡上，我們何妨不去輕輕鬆鬆地走一道自己的曲線呢？

用心耕耘，就會受青睞

兩幢公寓的中間，有個二十平方公尺左右的泥地，已經閒置五六年了，雜草橫生，一片荒蕪。

去年春天，樓上一位從農村遷來的大媽，先將荒地上的雜草一棵棵地拔淨，然後荷了把小鋤，忙碌了半天，就把那片荒地拾綴得沃土黝亮，拓墾成爲一片小菜畦。然後就種上了豆角、萵苣、菠菜等各色菜種。

我們都笑大媽是枉費心機，因爲這片荒地在兩幢大樓的縫隙間，整天都罩在大樓黑魆魆的陰影裡，太陽即使照過來，也不過能照半個鐘頭，沒有陽光，那蔬菜怎麼能生長得起來？然而那位大媽卻不這麼想，她只是隔三差五地忙碌著施肥、澆水，把那片荒地整理得瀰漫著泥土醇醇的馨香。

日子不知不覺地過去了，偶爾閒暇，我推開窗扉，見那塊菜地不知何時已經綠意盎然了。翠綠的豆角秧已經張揚地爬上了一篷篷的豆角架，萵苣和菠菜已經綠了整個菜畦。

我問大媽：「那麼背對陽光的一塊荒地，缺少陽光，妳怎麼把它整理成這麼翠綠的菜畦呢？」

大媽厚道地笑笑說：「這塊地是太暗了一點，但只要是塊空地，太陽遲早是要照一照它的，地不能挪動，但太陽在天空是會挪動的，太陽從東到西，總有一些時辰要曬照著它的，太陽是不會厚此薄彼的。」

是的，太陽總會變換著角度灑照到世界的每一個地方的。那麼，命運又何嘗不是如此呢？許多時候，我們的歲月被遮擋著，幸運的陽光遠離我們，我們處在陰暗、晦暗的生活境界裡，被冷風惡浪一次次地蹂躪著，繽紛和幸福的光幻只是一片一片灑在別人的額頂上，我們則默默地沉浸在生活的苦澀裡和陰影裡，就像這兩幢大樓夾縫裡的那一小塊土地。

但只要我們真誠地等待，就像那片菜畦等待陽光。其實，幸運就是我們所有人命運共同的那一輪絢爛的太陽，不論你是高高在上，或者是生活在他人籬下，幸運都不會遺棄我們的，它會像太陽一樣更迭著自己的角度，把溫暖和幸福紛灑到我們每個人的心靈上。

轉念智慧

就像太陽不會遺棄每一片土地，幸運也絕不會遺棄每一個生命，只要我們去耕耘、去等待。

巨大的成功，從細微的收穫開始

古印度人有個捕捉猴子的神秘妙法：在群猴經常出沒的原始森林裡，放上一張裝有抽屜的桌子，抽屜裡放進一個蘋果或者桃子，然後將抽屜拉開到猴子的手能插進去而蘋果或桃子卻不能拿出的程度，獵人就可遠離桌子靜靜地安心等候。每一次，獵人都可看見這麼一幅可笑的畫面：猴子將手伸進抽屜裡取桃，桃子卻怎麼也取不出來，而猴子又不肯放棄，於是，貪婪的猴子急得兩眼冒綠光，卻又一籌莫展。這種古老的方法使很多猴子輕而易舉成了獵人手到擒來的獵物。

有一天，一個獵人又用這個方法準備擒捉一隻在附近棲息了很久的猴子。一會兒，那隻猴子終於探頭探腦走到了桌子旁邊。牠先將一隻手伸進抽屜裡取蘋果，但蘋果太大，抽屜縫又太小，任牠怎麼努力還是取不出來。於是猴子又將另一隻手也伸了進去，兩隻胳膊飛快地在抽屜裡翻動。不一會兒，一個又大又圓的蘋果被牠用尖利的指甲摳削成一堆蘋果碎塊，猴子扔掉果核，用牠的手掏出抽屜裡的蘋果碎塊有滋有味地吃起來，吃完後，牠心滿意足地揚長而去。

這隻聰明的猴子將蘋果摳成碎塊化整爲零，牠因此而獲取了整個蘋果，避免了貪婪的猴子失敗的悲劇。

我們對於成功又何嘗不是如此呢？許多人貪婪巨功，將自己的一生緊緊繫在一個碩大的成功果實上，結果就像那些緊緊拿住蘋果而束手待擒的猴子，忙碌了一生，連「蘋果」的皮也沒有嘗到。而另一些人知道先將成功一點點分解，雖然每次得到的只是微不足道的一點點，但一次又一次的積累，他們最終獲取了圓滿的成功。

轉念智慧

巨大的成功，其實是從細微的收穫開始的。

最困難的時刻

一艘輪船在海上不幸遇難，有一個乘客十分幸運地在船沉之前抱住了一根木頭。船沉後，他死死地抱著那根木頭，在茫茫大海上隨波逐流，最後，在漲潮時，他又幸運地漂到一個林木蔥蘢的小島上。

到島上後，他立刻把小島走了一遍，找到了清爽甘甜的泉水，又幸運地找到了一些蘑菇和野果，他把所有能吃的食物全部採擷過來，這些食物足夠他吃一個月。

他很爲自己慶幸，大吃了一頓後，他馬上動手用木頭搭起了一個小木屋，讓自己棲身和儲放自己的食物。然後，他就不慌不忙地坐在島上等待那些過往的船隻，但令他失望的是，五六天過去了，他連一艘船的影子都沒有看到，陪伴他的，只是呼嘯的海風和一群一群嘰嘰喳喳的海鳥。

有一天上午，下起了滂沱大雨，海面上烏雲翻滾雷鳴電閃，他冒雨趕到小島另一側的懸崖下去張望船隻。天近中午時，只聽一聲驚天動地的響雷，把整個小島都震得石破天驚，忽然，他看見遠在小島另一側的小木屋上空升騰起了滾滾濃煙，他大驚失色，急忙爬下山崖跌跌撞撞趕到自己的小木屋前，發現一切都已經晚了，他的小木屋已被雷電點燃，幾乎全部化爲灰燼了。

他十分難過，自己乘船遭遇沉船，好不容易抱住一根木頭死裡逃生落到這個荒島上，棲身和儲放食物的木屋卻又被燒成了灰燼，這難道不是上帝的意思嗎？既然上帝不允許自己活下去了，自己怎麼苦苦掙扎都只是枉費心機，他找來一塊白色的花崗石塊，在海邊的岩石上刻上自己的遭遇和不幸，然後找一條樹藤在樹上吊死了。

傍晚的時候，一艘輪船從這裡經過，船上的水手們望見這座荒島有一陣濃煙，於是馬上將船駛向荒島。但令他們遺憾的是，荒島上的那個人已經上吊死亡，大家看了他留在岩石上的那些遺言，禁不住個個扼腕嘆息說：「如果他能再堅持半個鐘頭，只再堅持一點點，那麼他就可以乘我們的船回家了。」

轉念智慧

是的，許多關鍵的時候，也恰恰是需要我們再咬牙堅持一點點的時候，你再堅持這一點點，你就握住了成功。你放棄了這一點點，你就可能功虧一簣了。就像黎明前的夜色是最黑的時候一樣，在成功的邊緣，在成功即將到來時，也往往是我們心靈最困難最吃力的時刻，這時，我們最要告訴自己的就是：再堅持一點點。

一句千古經典的箴言

古羅馬的一位國王是位酷愛哲理的人，他讓各地的官員和宮庭裡的大臣們，每人每年都要爲他採集或感悟出至少一條生活中的哲理箴言，獻上的哲理箴言出色者，國王就賞賜給他黃金或者加官晉爵，獻上的哲理箴言最差者，國王就罰他的俸祿或削奪他的官職。

有了這樣一位國王，羅馬帝國很快就成了哲理箴言最豐富的國度，國家收集和整理的哲理箴言汗牛充棟難計其數，一個人學一輩子都可能還學不完。這個國王想了想，就召集全國各地最有智慧的一群智者，吩咐他們說：「哲理箴言浩如海洋，誰能學得完呢？請你們每個人都要一一閱讀這些箴言，挑出那些最出色的箴言名句來，把它們編成一本書，以便教育我們的子孫和後代。」

接到國王的命令後，這群智者誰也不敢怠慢，紛紛夜以繼日地閱讀和挑選起來，兩年多後，他們終於把挑選出來的這些哲理箴言送進王宮請國王過目，一下子拉來了幾十輛馬車，國王一看，很不滿意地說：「挑來挑去還有這麼多，不行，請各位帶回去再仔細篩選！」

於是智者們又重新篩選了一次，篩選完畢，終於只剩下兩馬車，但國王仍然認爲太多，於是命令智者們要沙裡淘金繼續篩選。

歷經十幾年，智者們經過層層篩選，終於把他們公認是經典的箴言篩選成了一本書。他們把這本書獻給國王看，國王不滿地說：「還有這麼多，這怎麼能讓全國的人一聽就能牢牢記住呢？請你們拿出自己全部的智慧，從這本書中只篩選一句最富哲理又最容易傳誦的有用箴言來。」

這群智者們絞盡腦汁，終於選定了一句大家公認爲最富哲理又最能示人的至理箴言，然後上報給國王，國王一看，這句箴言只有短短一句話：天上不會爲你掉下禮物。

國王十分滿意，認爲這將是一句能流芳千載又對人最有用的一句千古經典箴言。

轉念智慧

是的，這的確是一句經典的哲言，幾千年了，至今也沒有人撿到過一個從上天掉到他手裡的禮物，人類已澈底驗證了這句哲言的偉大和正確。

天上不會為誰掉下禮物。無論是誰都需要努力地付出，然後才會有沉甸甸的收穫。

卷五 轉危為安

- 化險為夷的方法
- 沉著的重要性
- 另一扇門
- 逆風揚帆
- 誰見過鷹的死亡？
- 人生貴在艱困時
- 偉大其實離我們不遠
- 優秀的習慣帶領出成功

Change your words,
Change your world.

化險為夷的方法

上中學的時候，我酷愛打籃球，由於身高、運動能量都不錯，很快就被選入了校隊。進了籃球隊後，並不像我們以前期望的那樣，馬上就練習運球和投籃。教練先要我們練習急停。「急停」是一個籃球術語，就是讓人在高速奔跑的狀態下突然戛然而止一下子穩穩地站住。這是一個並不輕鬆的訓練項目。讓人在短暫的一剎那結束自己的高速運行，和讓一輛正高速奔馳的列車突然停下有什麼不同呢？慣性的力量實在太強大了，剛開始練習急停時，我們一群隊員不是在教練出其不意的一聲突然喊「停」時跑出了幾公尺方才停下，一個一個刹不住步摔得人仰馬翻。我們實在想不明白，急停在籃球運動上能派上什麼用場呢？於是，我們去問籃球教練。教練說：「籃球運動不僅僅是奔跑和力量的運動，更是一種急停的運動，不會急停就可以說是不會打籃球，不會急停就沒有籃球場上的敏捷和靈活。」教練問我們：「當你徒手快速奔跑時，球傳來了你如何接到？如果不是急停，結果只有兩種，一是接不到傳球，二是奔跑的慣性使你帶球違規移步。」教練又說：「當你運球快速前進時，突然你前邊跳出一個攔截者，如果不會急停，不能靠急停迅速靈活地改變你運球的方向，你手中的籃球不就正中對方下懷，自投羅網地被對方搶走嗎？」

果然像教練說的那樣，一個多月的急停練習後，我們在籃球對抗上變得敏捷和靈活自如了，球技有了明顯的提高。

幾年後爲了工作，我到駕駛訓練中心去練習汽車駕駛，教練是個資深的老駕駛，剛教會我們發動汽車，就開始讓我們練習緊急剎車，我們不滿地問他：「我們眼下連車都開不快呢，哪能用得上緊急剎車？」

教練嚴厲地說：「不會緊急剎車，就絕不允許駕駛汽車，這世界上，有多少交通事故不是剎車不當引起的？剎車剎得好，少走一尺還在天堂，多行一步就是地獄啊。」教練接著跟我們講他的一次駕駛經歷，他年輕時，有一次在山路上開車，在一個急轉道時，方向剛剛扭轉，突然發現自己腳下就是陰霧濛濛的萬丈懸崖了，他猛力一踩腳剎車的同時，一隻手也緊緊扳下了手剎，吱的一聲，載著沉重貨物的貨車在強大慣性下只顫了兩顫，便穩穩地停下了。

他下車一看，前車的車輪有一半已經懸空了，嚇得他出了一身的冷汗。後來，有同行告訴他說，在那個地方，不知有多少司機葬身深淵了，是他嫻熟的緊急剎車技術，讓他在地獄的門檻上停了下來。

教練嚴厲地告訴我們說：「一個好的司機，須有兩種拿手的本領，一是嫻熟的駕車技術，另一個就是會緊急剎車！」

轉念智慧

人生何嘗不需要這種急停呢？在發覺自己錯誤的路上，如果能痛下決心地予以急停，那麼，你人生的車輪就能在生命的懸崖上戛然停下，使你不會沉入悔恨的泥沼。如果沒有人生的急停，生活的慣性將使你越滑越遠，最終將你滑進錯誤的深淵。

要使我們的人生能化險為夷，你就必須學會人生的急停！

沉著的重要性

在風景如畫的澳大利亞，有著數以萬計的珍奇鳥類，牠們之中有美麗而歡快的百靈鳥，有聰穎而溫馴的雲雀和鸚鵡，還有漂亮的白頭翁和紅嘴鷗，當然，也有快如黑色閃電的雄鷹和兇猛而殘暴的禿鷲。

水美草肥的澳大利亞，是珍禽異獸們天然的生活樂園，鋪天蓋地的鳥群和草叢中不停出沒的兔鼠，也給雄鷹和兇猛的禿鷲造就了十分優越的生存環境。弱肉強食的雄鷹和禿鷲因爲有著豐富的食物來源，牠們在這塊大陸上繁衍和壯大得十分迅猛，許多鳥類和兔鼠，往往一有不愼便會成爲這些猛禽們的盤中之餐，甚至有一些飛行速度緩慢，敏捷程度較低的鳥類，牠們差不多已被雄鷹和禿鷲們捕食得幾近絕跡。

但動物學家們經過長期的野外觀察發現，有一種叫鵜鶘的鳥類，雖然牠的身材也十分臃腫和肥大，雖然牠的飛行速度和機敏度也十分地緩慢和滯緩，但牠們卻很少被那些猛禽們捕食。

是什麼讓這種笨笨的大鳥能夠一次一次逃脫猛禽的魔爪？是什麼才讓鵜鶘一次次跳出生命的劫難，於危機四伏中死裡逃生呢？好奇的動物學家跟蹤上一群鵜鶘，躲在原始叢林裡悄悄進行著細細的觀察。

一群鵜鶘飛起來了，牠們剛剛盤旋上叢林的天空，附近山崗上幾隻蓄勢待發老謀深算的禿鷲就一躍而起，像一道黑色的閃電，箭 般呼嘯著朝這群鵜鶘展翅掠來。鵜鶘雖受到驚嚇，但瞬間就鎮定了下來，牠們迅速如雨點般潛入身下茂密的林子，任憑禿鷲們怎麼在林子上空盤旋、淒厲地恐嚇，牠們始終一動也不動，只是鎮靜地棲落在那些縱橫交錯的枝杈間。動物學家說，其他鳥兒如果面臨這樣的險境就不同了，牠們不是驚慌失措地四散逃命，就是魂飛魄散地藏進樹林裡。飛翔逃命的，牠們的翅膀如何能快過雄鷹和禿鷲們閃電一樣的翅膀呢？牠們在天空就被輕而易舉地捕捉了，成了猛禽們的盤中物，而那些潛入林子的，猛禽們在樹林上幾個盤旋、幾聲兇猛的淒叫，牠們馬上就被嚇得倉惶起飛了，這正中了猛禽們的下懷，被猛禽們捕了個正著。

動物學家說：「鶺鴒鳥能逃脫厄運，是因爲牠們擁有一種心靈的智慧，這種智慧，叫『沉著』。」

處亂而不驚，臨險而沉穩，這是鶺鴒鳥逃脫厄運的智慧，但又何嘗不是許多成功人生的哲學呢？

轉念智慧

那些臨危不亂，在險境前冷靜沉著的人，他們不會因為危急而讓自己的心靈窒息，給自己的心靈製造從容喘息的機會，所以往往能絕處逢生，不會被危險所壓倒。

危險，把他們淬磨成了一個個偉人。而那些一遇艱險就頓時六神無主的人，危險和艱難還沒有把他們壓倒，他們已經被自己坍塌的心靈擊垮了。

沉著，是一種人生的智慧。

沉著，是成功最堅實的基礎。

另一扇門

有個老農，很辛勤地種著自己的莊稼，土壤豐厚肥沃的地方，他就種小麥種玉米，河邊的水田裡，他就種水稻，那些沙地裡，他就種花生、種西瓜。不管氣候怎樣，對這位老農來說，每一年都可以算是他的一個豐收年，因爲總有一樣作物是豐收的。

有一年，氣候十分乾旱，從初春到秋天幾乎沒有下過一場雨，河斷流了，泉水乾涸了，井裡的水也淺得能一眼就看到泥沙，許多人都待在家裡，不再去管理自己的莊稼了，只有這個老農，還是扛著鋤頭挑著水桶一天也不歇地往自己的地裡跑，鄰居勸他說：「天這麼旱，你就是累死，也救活不了你的莊稼了，還這樣去田裡忙什麼？不如待在家時舒舒服服地歇幾天。」老農嘆息說：「是啊，地裡的玉米和水稻、大豆怕是已經回天無力了，但我在河邊那半畝西瓜殷勤弄些，或許還會有些收成的。」

「半畝西瓜？」鄰居們都笑了，「那麼多的莊稼都旱死了，那半畝西瓜又能有什麼用呢？」

但老農不聽他們的，每天吃過飯，他都帶上鐵鋤和水桶到河邊的西瓜地裡去，先用鐵鋤在已經乾涸的河床上打井般挖出好大一個泥坑，挖出水後，用瓢一瓢一瓢地盛到桶裡去，再一挑一挑擔到西瓜地裡去澆溉他的西瓜秧。雖然其他的莊稼都已經旱得涸死了，但老農的那半畝西瓜地卻始終是一片碧綠的綠洲，那瓜秧爬得長長的，張張揚揚的，每一片葉子都長得水汪汪的大大的。

老農的兒子也勸老農說：「別看瓜秧長得不錯，但能結瓜不能結瓜還不一定呢，你沒看河床上你挖的泥坑不是越來越深了嗎？」

老農卻自信地搖搖頭說：「水是越來越難挑到了，可兒子你還不懂，旱瓜澇稻啊，雨水的年份水稻豐收，天旱的年份西瓜好吃啊！」老農不顧別人怎麼說，還是早出晚歸地忙著澆溉和照料自己的半畝西瓜地。

炎夏時，老農的西瓜成熟了，那一個一個西瓜長得翠亮滾圓，切開嘗一口，那瓜又沙又甜，簡直就像糖汁一樣，十分好吃，加上這一年天旱，市上也沒有別的水果和瓜物。老農的西瓜被人們搶著買，賣得快不說，還賣上了一個讓人直咋舌的大價錢，老農大大賺了一筆錢，讓街坊鄰居們一個個既後悔又羨慕不已。

轉念智慧

「早年的西瓜特別的甜。」上帝在給我們關上一扇門的同時，又為我們打開了另外一扇門。

對於一顆沒有被絕望淹沒的心靈，天堂的門會永遠開著。

逆風揚帆

一群年輕水手，他們的船要經過一段風高浪急的險灘。這是一段險象環生的險灘，落差大，水流急，而且河道狹窄，陡灣和暗礁密布，曾經有許多船隻都在這裡被撞得船毀人亡。

這群年輕水手沒有辦法，在人們的指點下，他們去拜訪一位經驗豐富的老船手。老船手在這段險灘上駕船來來往往了大半輩子，對險灘上的每個陡灣和暗礁都瞭若指掌。但老船手說：「這些都不足爲慮，最令人害怕的是，在水勢湍急時，如何能讓自己飛駛的船速慢下來，這樣在掌舵時就有了迴旋的餘地，船就可以避免觸礁觸崖了。」這群年輕船手還是很擔心，那個老船手自信地笑笑說：「怕什麼呢，我掌舵送你們渡過這段險灘去，這段險灘行船，我的經驗太豐富了，憑我的經驗，幫你們渡過險灘，那是萬無一失的！」

於是，年輕船手們興高彩烈地簇擁著老船手登上了他們的船。

船近險灘時，老船手吩咐年輕船手們說：「起帆！」一個年輕船手說：「這個時候怎麼能起帆呢？」老船手一揮手說：「這個你就不懂了，在這段險灘，船順江而下時常常是逆風，逆風時起帆，就是水流再急，鼓滿風的帆也會讓船減速許多，這樣我們的船速就緩下來了。」年輕選手立刻揚起手帕試試風向說：「但現在是順風，風往下游刮去，如果起帆，那我們不是更危險了嗎？」

老船手一聽，立刻不滿地喝斥說：「我有經驗還是你有經驗啊？我在這險灘上來往了快一輩子了，哪裡輪得上你說三道四指手畫腳呢！」其他船手也紛紛指責那位年輕船手說：「人家有積累了半輩子的經驗，你懂什麼呢？聽人家老船手的，保我們平安！」於是，在就要駛入險灘時，船上的帆掛起來了，老船手滿意地說：「別看剛才是順風，等船一駛進險灘風向馬上就變了，多少年了都是這樣的。」

但船剛駛進險灘，他們就明白起帆是多大的失誤了，湍急的水勢，加上猛烈的呼嘯順風，一下子就把船變成了一匹脫韁的野馬，眨眼的功夫就把船給裹進了滾滾翻騰的漩渦去，根本來不及收帆，這條船就撞在了第一道江灣的懸崖上，立刻被撞得支離破碎成了一堆碎木板。

僥倖逃生的老船手痛哭流涕地坐在河岸上，他想不明白自己那豐富的經驗爲何竟讓這條船一下子就船毀人亡了！

轉念智慧

其實，對人生來說，經驗確實是筆珍貴的財富，但是，一個人只是堅守自己的經驗，對事情的起伏變化和他人的勸告視而不見，只是一味地憑經驗辦事，那麼他非但不能成功，反而可能使自己陷入更深的危機。在人生的跋涉旅程上，導致我們自己失敗的原因常常有兩種，一種是經驗不足，而另一種則是過於相信自己那些所謂的經驗。

經驗，只有當你擁有它，並能靈活運用它的時候，它才能夠成為你人生的一筆寶貴的財富。

誰見過鷹的死亡？

逛過十幾次動物園，對於那些被鐵柵欄囚禁的動物，我最憐惜鷹們。牠們有著搏雲擊風的強健翅膀，本來應該像雲朵一樣，自由翱翔在天地之間，飄搖在雲浪之端，如今卻只能斂翅靜默在冰冷的鐵柵欄中，低眉順眼地依賴飼養員定時定量給的那一點點肉食存活。牠們的翅膀已不能搏風擊雲，牠們的眼神已不能令野兔顫怯，牠們早已不是力量和雄健的象徵，難怪一位詩人朋友嘆息地說：「鐵柵欄的蒼鷹已不再是鷹，牠們是一種退化了的大鳥。」

我的故鄉八百里蒼茫伏牛山，也曾是鷹們的故鄉，牠們棲宿在那兒的山林裡、懸崖上，每天清晨，當太陽剛剛升起的時候，牠們就高高地盤旋在村莊的上空，像一枚黑黑的鐵釘釘在湛藍而靜謐的天空裡，牠們有時迎風飛翔，有時候又靜浮在天空中，一動不動，像一片黑黑的雲朵。

牠們靠自己的捕食生活，草叢裡的走兔，低空中穿梭的麻雀，都是牠們追逐的食物，有時，村莊的雞鴨，甚至小小的羊羔，也常常被牠們明目張膽地一掠而去，但我們並不憎恨牠，甚至有些崇拜牠，祖父告訴我說，鷹是一種聖物，我們誰都見過牠的飛翔，但誰都沒見過一隻鷹的死亡。祖父說：「鷹即使是死亡，也不會讓人看見的，牠們要飛到天堂裡去死。」

我們村莊的上空有一隻蒼鷹，牠已經在那裡翱翔了十幾年了，有一天，牠在村莊上空盤旋了又盤旋之後，突然直直地直往高空飛去，村莊的老人們說，這隻鷹要死了。我們站在村莊的曠地上看著牠，只見牠越飛越高，越飛越高，直到成爲一個小小的黑點，最後在眩目的陽光中消失了。

我們期待牠會掉下來，但牠一直沒有。老人們說：「鷹死了怎麼會掉下來呢？牠一直朝著太陽飛，飛近太陽的時候，就被火熱的太陽融化了。」

果然，從那次高飛以後，這隻鷹就再也沒在我們村莊的上空出現過。

鷹是具有靈性的，牠們不願死在自己一生傲視的山巒、麻雀、野兔之下。牠們和我們飼養的貓一樣，即使死亡，也要遠離自己曾經睥睨的一切，只留下自己雄健剛然的印象在我們的記憶中。

轉念智慧

誰見過一隻自然死亡的鷹？

誰見過一隻自己飼養的貓死亡在自己的家裡？

牠們的這種精神是值得我們崇拜和記憶的。

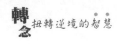

人生貴在艱困時

一個老船長被聘請到一家海運公司當船長。這是一家頻頻發生沉船事故的海運公司，對事故的心有餘悸，成了這家公司船員們冰山一樣沉重的心理障礙，嚴重影響了公司的正常海運業務。

滿頭白髮的老船長上船後，在船長艙裡看了看掛在壁上的貨船航線圖，他吩咐把它取下來。船上的水手們說：「這是公司好不容易花費鉅資才請來專家們繪製的航線圖，航線基本都在淺水區，而且暗礁和險灘都標得十分精確，不要這幅航線圖怎麼行呢？」老船長不理睬水手們，只是要求公司能馬上提供一份航線深水區示意圖。

船上的水手們十分不解又十分驚慌，過去他們在淺水區按航線行船，船隻遭遇不測時，大家憑自己的水性和泳技，能夠很快找到荒島和礁石，可以死裡逃生僥倖逃過一次次劫難。但船隻在深水區航行就可怕得多了，一旦遭遇沉船，茫茫大海上不僅很難找到荒島礁叢，而且連一根稻草也往往找不到，那就很難有生還的機會了。心有餘悸的船員們立刻嚷嚷著對老船長的這種做法提出了大膽的質疑和憤怒的抗議。叼著橡木煙斗的老船長什麼也不說，他撕下一頁厚厚的牛皮紙，在甲板上三折兩疊就疊出了一條漂亮的紙船，又找來了一個木盆，倒上半盆的水，然後又往木盆裡丟下一些差不多和水深一樣高度的石塊，老船長把紙船放進木盆裡，扳住盆沿輕輕地搖了幾搖，頓時，那紙船在木盆裡晃晃蕩蕩的，不是撞到這一個石塊，就是擱淺在另一個將露而未露出水面的石塊上，只晃幾下那個紙船便被撞碎了，看得圍觀的水手們個個都捏了把冷汗。

老船長把紙船撈出來，又疊了一個紙船，然後吩咐一個年輕水手將盆子裡水倒滿，才將這個紙船放到了盆子裡，盆子裡的水深了許多，剛才那些浮出水面和淺淺淹在水面下的石塊現在深深淹在了水底，老船長扳住盆沿晃了晃，紙船在盆裡搖搖擺擺晃來晃去，雖然顛簸得十分厲害，但因爲沒有冒出水面的石塊，也沒有淺淺掩在水面下的石尖，紙船在盆子裡安然無恙。

老船長取下嘴上叼著的橡木煙斗，望了一眼那些疑惑不安的船員們說：「明白了吧？水最深的地方，礁石和暗礁就沒有了，行船也就減少了不幸觸礁的危機，行船就更加安全，而在淺水區，險灘和暗礁就全浮出來，就是再有經驗的船長，也很難做到不出事故的。」老船長頓了頓，又深深吐了一口煙說：「這是我駕船和海打了一輩子交道的經驗。水越深的地方，行船也是最安全，而水越淺的地方，卻恰恰就是沉船事故多發之地啊！」

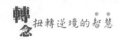

轉念智慧

人生又何嘗不是呢？當我們生活處於最深危機的時候，那些雞毛蒜皮的小困難都被掩在最深處，它們不能對我們構成一點點的威脅，於不經意間被我們輕而易舉地一掠而過了。而當我們處於風平浪靜的生活淺水區時，那些原本不值一提的小事情卻成了一道道人生的險灘和暗礁，往往把我們撞沉和擱淺。

行船要選深水區，人生也貴在艱困時。

偉大其實離我們不遠

韋格納是上個世紀世界上最偉大的科學家之一，他提出的大陸板塊漂移學說，是二十世紀世界地理史上最偉大的學說。這樣嶄新又偉大的學說，是不是韋格納皓首窮經、付出了巨大的努力才取得的來之不易的成果呢？不了解韋格納的人都會這樣認爲。但恰恰相反，大陸板塊漂移學說對韋格納來說不過是一件十分偶然的發現，在發現過程中，並沒有什麼驚天動地的事情發生。

一九一〇年，韋格納生病了，他不得不被迫躺在醫院的病床上接受百般無聊的治療。他病房的牆壁上掛著一幅世界地圖，醒著的時候，韋格納就盯著那幅地圖來打發醫療期那些枯燥而寧靜的日子。經過天長日久的觀察，韋格納發現了一件十分有趣的事情：透過地圖來看，大西洋兩岸好像是互補的，南美大陸巴西東部凸出的部分，和大西洋彼岸的非洲大陸西海岸的赤道幾內亞、加彭、安哥拉凹陷部分十分對應，一方是凹陷的，另一方必定是凸出的。韋格納進一步細細觀察，他發現如果不是大西洋，那麼南美大陸和非洲大陸完全可以吻合成一個天衣無縫的完整大陸。是不是這兩塊大陸過去就是一個整體，而由於地殼運動被意外地分開了呢？韋格納陷入了深思。

不久，韋格納就開始著手對南美大陸和非洲大陸上的地質、古生物進行研究，終於證實了一個令世界地理學耳目一新的理論：大陸板塊漂移學說。原本寂寂無名的韋格納也因此一躍成爲世界上大名鼎鼎的地理學家。

同樣的幸運之光也照射在斐塞司博士身上。斐塞士博士非常喜愛寵物，他家裡經常養著狗和貓。一天上午，和往常一樣博士坐在門前曬著太陽打盹，這是他的老習慣了。在他曬太陽打盹時，他的貓和狗就臥在他的腳邊，和他一起曬太陽打盹。曬了一會兒，太陽一點一點西移了，房子和樹蔭遮擋住了照在貓狗身上的陽光，貓和狗馬上爬起來，伸了一個長長的懶腰，又挪到陽光能曬到的地方，躺在陽光下又愜意地睡著了。

貓狗追著陽光睡覺打盹，這對於任何人來說都不過是司空見慣的事情，但卻引起了斐塞司博士的強烈好奇。牠們爲什麼喜歡待在陽光下呢？是因爲喜歡光和熱，還是陽光能給予牠們什麼？如果光和熱能給予牠們什麼有益的東西，那麼對於人體是不是同樣有益呢？

不久，日光療法就在斐塞司博士的研究下誕生了，斐塞司博士也因爲睡懶覺的貓狗而榮獲了諾貝爾醫學獎。在授獎致辭中，斐塞司博士說：「這個獎項對於我來說是個意外，我並沒有做下多少的工作，如果說我比別人多做了一點什麼的話，我只承認，自己只不過是比別人多想了那麼一點點。」

正如斐塞司博士所說的那樣，成功和偉人並非如我們所想的那樣高不可攀，有許多時候，它並不需要我們付出太多的東西，只需要我們對平常的事物有一顆不平常的心，只需要我們去多想那麼一點點。

轉念智慧

如果一個蘋果落在你的頭上，你也能像牛頓那樣多想一點點；如果對著一幅世界地圖和躺在你腳前曬太陽的貓狗，你也能像韋格納和斐塞司一樣多想一點點，那麼你也將有所成就。其實，偉大離我們每個人都不遙遠，只需要面對大家司空見慣的事物時，你能比別人多想一點點。

優秀的習慣帶領出成功

猶太的一家社會研究機構曾經邀請了二十名猶太裔富翁和二十名猶太裔窮人，給他們每人一支筆一張紙，要求他們認眞思考後寫出一條自己生活中最重要的習慣。

很快，四十個人每人都列出了自己生活中最常有的一個習慣。經過整理，二十位富人的最重要習慣是：

一、勤奮

二、節儉
三、馬上就做
四、不怕失敗
五、樂於思考
其中，勤奮和節儉是公認最多的兩個習慣，「馬上就做」排名第二，「不怕失敗」和「樂於思考」緊隨其後。
而二十個貧困者列出的自己生活中最常有的習慣是：
一、等待機會
二、滿足
三、害怕失敗
四、悠閒
五、不把自己逼得太苦
六、從不想那麼多
其中，有六人都把「等待機會」作爲自己生活的習慣，而五人都列了「滿足」，「害怕失敗」排位第三。

調查結束後，研究者很快就公布了這兩種不同的答案和結果，並總結說：「一個人的富裕和貧窮，是由個人的生活習慣決定的，優良的習慣造就了富翁，而錯誤的習慣，則誕生了貧窮。」

轉念智慧

勤奮和節儉的結果，是收穫和積累；「不怕失敗」和「馬上就做」是一種勇氣信心和對機遇的把握。而「等待機會」從來都是一種對生命的空耗，「滿足」則是一種心靈的停滯，「害怕失敗」更是一種信心和勇氣的貧乏。

優秀的習慣是一台成功的發動機，不良的習慣則是成功路上的一根絆馬索。

丟掉自己生活中的一些壞習慣，這是一個人使自己「富」起來的最根本方法。

卷六 成為獨一無二的人

- 脫穎而出
- 刻意去除瑕斑的代價
- 自己就是聖者
- 全力做好一件事
- 創意，人生的峰迴路轉
- 珍惜，便是價值連城
- 從眾，是生活的俗人

Change your words,
Change your world.

脫穎而出

在非洲的撒哈拉沙漠流傳著這樣一個故事：

有一個珠寶商人帶著幾十粒鑽石和一只手錶橫越一望無際的撒哈拉沙漠，不幸的是，當他走到沙漠深處的時候，沙漠上突然捲起了飛沙走石的風暴。

風暴十分猙獰，不僅把珠寶商人打翻了，而且吹散了他緊緊攜帶的包袱，把包袱裡的幾十粒鑽石甚至商人手腕上的手錶都捲得無影無蹤。昏迷不醒的商人幸運地遇到了一支駱駝隊伍，駱駝隊的人把商人喚醒後，聽說這沙漠裡丟掉了許多的鑽石，大家馬上決定不走了，要和商人留下來尋找鑽石，要知道，誰能撿到一粒吹落的鑽石，這輩子他就足以衣食無憂快快樂樂地生活了。

商人和駱駝隊的人開始日夜忙碌在一望無際的沙漠上，他們白天找、夜晚找，一直找了十多天還是一無所獲，但大家誰都知道，在這沙漠的沙粒間，掩藏著許多價值連城的珍貴鑽石。

夜幕降臨了，彎月掛在沙漠的邊緣，滿天的星斗就像綴在深藍色幕布上的一顆顆寶石，沙漠上靜極了，沒有風叫，也沒有蟲鳴，這時，大家忽然聽到了一串滴答滴答的聲音，這聲音那麼清晰，大家順著聲音躡手躡腳地找過去，發現那聲音就掩在他們腳底的沙層裡，商人蹲在地上，順著那滴答滴答的聲音開始小心翼翼地扒去一層一層的沙粒，再扒去一層沙粒，那滴答聲就響得更加清晰、更加分明了一些，終於，商人找到了自己的這只手錶。但令他們失望的是，除了這只手錶外，他們誰都沒有找到散落的一粒鑽石。

捧著那只失而復得的手錶，商人禁不住仰天慨嘆：「鑽石雖然價值連城，但因爲它們沒有自己的聲音，丟失了，就從此遺落在沙石之間，而一只手錶雖然普普通通，但因爲它有自己的聲音，所以它能從沙粒間輕易地脫穎而出。」

轉念智慧

我們哪一個人不是被遺落在時光和歲月的沙粒或草叢深處的一枚東西呢？即使你只是一隻微不足道的昆蟲，但只要你擁有自己心靈的聲音，那麼你就會脫穎而出，幸運地被命運的大手輕輕地捧起，假若你是一粒鑽石，雖然價值連城，但因為沒有自己的聲音，你也可能永遠被遺落在沙粒或草叢之間。

幸運往往只會光臨那些擁有自己心靈聲音的生命，不管你是一隻卑微的昆蟲，還是一顆價值不菲的珍貴鑽石。

刻意去除瑕斑的代價

一個人在曠野撿到了一塊美玉，那是十分難得的一塊玉石，可惜的是，玉石的中間有一塊黑色的瑕斑。他把這塊玉石拿給一位玉石商看，肥頭肥腦的玉石商捧著這塊玉石端詳了半天說：「這眞是一塊罕見的美玉啊，如果沒有中間的那塊黑色瑕斑，它至少可值萬兩黃金。」

「但現在它能賣多少錢呢？」這個人焦急地問玉石商說。

玉石商惋惜地搖了搖頭說：「可就是因爲那塊瑕斑，它現在頂多能賣百兩黃金。」這個人失望地抱著他的玉石走了。回到家裡，這個人把他的那塊美玉放在桌上，兩眼盯著玉石中間的那塊瑕斑不住地唉聲嘆氣。他的妻子見了，問他說：「我們幸運撿到了一塊美玉，高興還來不及呢，你爲什麼還這麼長吁短嘆的？」

這個人把玉石商的話說給他的妻子聽，他的妻子一聽，也痛惜了半天，忽然高興地一拍手說：「既然是因爲那塊瑕斑，玉石才貶值了，那我們動手把那塊暇斑剔掉不就好了嗎？」

這個人一聽，兩眼一亮說：「對呀，削掉那塊瑕斑不就是了嗎？」於是，他找來了錘子和鑿子，一錘一錘小心翼翼地鑿起那塊瑕斑來。但那塊瑕斑生在玉石的深處，要想剔鑿掉必須先鑿除上面的玉石，這個人想，鑿掉一些玉屑就忍痛鑿掉一些吧，如果不鑿掉那塊瑕斑，自己的這塊罕世珍玉只值百兩黃金，和普通的玉石又有什麼區別呢？錘子叮叮噹噹響，玉屑紛飛，當那塊碩大的玉石小了不少時，這個人的鑿子終於鑿到了那塊黑色的瑕斑，這時他才發現，這塊瑕斑非常深，要想徹底剔鑿掉它幾乎要鑿穿整塊玉石，但想到一萬兩黃金和區區一百兩黃金，這個人就什麼也顧不得了，繼續揮著錘子叮叮噹噹地剔鑿。

瑕斑徹底鑿掉時，這個人頓時也傻眼了，因爲在剔除最後一錘時，那塊玉石砰地也碎了，碎成一堆拳頭大的碎塊，痛惜萬分的他抱著那一堆碎玉塊又去見那個玉石商，玉石商大吃一驚，捶胸頓足地痛惜說：「你把一塊美玉鑿成了一堆廢石，一塊絕世美玉被你毀掉了。」這個人分辯說：「一塊玉石雖然變成了一堆碎玉，可它終於沒有那塊瑕斑了呀，你說，這堆玉石能賣多少黃金呢？」

玉石商悲忿地一把推掉桌上的那一堆碎石說：「它們現在只是一堆普通的廢石了，連一兩黃金也不值了！」

那個人一聽，頓時就呆了。

轉念智慧

瑕不掩瑜，純真生命裡已經存在著一塊瑕斑就任它存在下去吧，刻意地剔除寶石深處的瑕斑，瑕斑澈底剔去時，你也往往失去了自己珍貴的寶石。

自己就是聖者

二十多年前的一天，盛名全球的美孚石油公司董事長貝里奇到南非的開普敦巡視美孚石油開普敦分公司工作。在分公司的廁所裡，他看到一個體格健壯工作賣力的黑人小夥子正在滿頭大汗地擦地板。貝里奇問這個黑人小夥子：「年輕人，你今天的工作是擦地板，那麼你今後的夢想是什麼呢？」

黑人小夥子聽了，十分眞誠地回答說：「我可不願意一輩子就當清潔工，我的夢想是能幸運地遇到一位聖者，然後懇請他爲我指點迷津，賜給我一份體面的工作，使我將來能做出一番令人羨慕的事業來。」

貝里奇一聽，笑了，他說：「小夥子，二十多年前我曾到過南非的某座聖山，那時我與今天的你一樣，只是一位普通的加油工。但十分幸運，在那座聖山上，我恰恰遇到了一位聖者，他給了我指點。根據他的指點，我今天才成了美孚石油公司的董事長。據說，只要誰能有幸見到聖者，他都會前程似錦做出一番事業的。小夥子，你爲什麼不去請那位聖者給你指點一二呢？」

黑人小夥子聽了，喜出望外地說：「我明天就去找那位聖者！」

第二天天未亮，黑人小夥子就出發了，他過沼澤走草原趕到那座山腳下，然後穿密林、攀懸崖，披荊斬棘，跋涉了一個多月，歷盡了艱辛，終於站在了白雪皚皚的聖山頂峰，他在山頂苦苦尋找了幾天，也沒見到聖者。他不甘心就這樣空手而歸，從山頂下來後，他又走過一道道山脊，越過一道道幽深的溝壑，但令他失望的是，他連聖者的影子都沒有看到。黑人小夥子滿懷失望地回來了，他找到貝里奇，十分沮喪地說：「董事長先生，我已經到過聖山的山頂了，也差不多找遍了聖山的每一個角落，但除了我之外，在偌大的聖山上，我連一個人、甚至一個別人的腳印都沒有找到，更別說找到那位智者了。」

貝里奇笑了，他問：「眞的連一個人也沒有嗎？」

黑人小夥子說：「除了我自己，眞的沒有一個人。」貝里奇意味深長地笑笑說：「小夥子，你已經見到聖者了。」黑人小夥子不解地說：「聖者？除了我一個人，那山上肯定沒一個人，我怎麼已經見過聖者了呢？」

貝里奇說：「你自己就是聖者啊！」見小夥子依然不解，貝里奇說，「那麼高又那麼險峻的雪山，有幾個人敢攀到頂端呢？你能有勇氣和毅力不畏艱險地攀上去，你不是聖者誰還能是聖者呢？小夥子，你一定能實現自己的夢想的，只要你能記住：你自己就是聖者！」

二十年過去了，如今，那個黑人小夥子果然成了美孚石油公司開普敦分公司的總經理，他的名字叫賈姆納。他深有感觸地總結自己的成功說：「一個人要想做出一番事業來，就必須記住你自己就是聖者！」

轉念智慧

相信自己就是聖者，你就有了挑戰一切的勇氣；相信自己就是聖者，你就有了戰勝一切的自信；相信自己就是聖者，你就有了不畏艱險的堅強毅力……

記住，我們自己就是聖者！

全力做好一件事

在一次國際作家筆會上，一位奧地利男作家身旁坐著一位衣著簡樸、態度謙遜的女士。這是一位沉默寡言又十分小心謹慎的女士，筆會上，許多人慷慨激昂、口若懸河、言辭激烈，但只有這一位女士例外，她什麼也不說，只是入神地靜靜旁聽，聽到精彩之處，有時會會心地微微一笑，有時會專注地飛快做筆記。

坐在她身邊的這位奧地利男作家想，瞧她那模樣就知道，她只是前來旁聽的文學愛好者，不然就是一位沒什麼名氣和出色作品的女作家。

討論休息時，這位奧地利作家有些傲慢地問身旁的那位女士說：「請問小姐，您希望當專業作家嗎？」那位女士輕輕地笑笑，點了點頭。看來她眞的只是一名普通文學愛好者了，奧地利的這位作家想。於是他更加傲慢了，以居高臨下的口吻說：「當一名作家可不是一件特別容易的事情，尤其是當一名專業作家，這絕不是誰想做就能做得了的。」接著，他滔滔不絕地賣弄說，做一名專業作家應該讀過多少書、應該多麼勤奮、應該需要多少非人的毅力等等，把作家說得神聖無比、高不可攀。任他怎麼說，那位女士不插一句話，只是微笑著聽他高談闊論。

看她那麼謙遜而又十分虔誠的模樣，這位奧地利作家更加傲氣十足而不可一世了，他驕傲地說：「我已經出版了五百部小說了，可以說是著作等身功成名就了，所以被再三邀請來參加這次全球作家筆會。請問小姐，您發表過小說嗎？」

那位女士羞澀地淡淡一笑說：「發表過，但很少。」奧地利男作家一聽更加得意了，又問那位女士說：「那麼，您出版過一部自己的小說了嗎？」

那位女士更加不好意思起來，羞澀地一笑說：「出版過一部。」

「哦，僅僅出版了一部嗎？」那位奧地利男作家有些不屑地問，稍稍頓了頓又問：「那麼您能告訴我您那部小說的名字嗎？」

「是的，僅僅就一部。我的那部小說叫《飄》（Gone With The Wind）。」女士很平靜地說。「《飄》？」那位奧地利作家不禁大吃一驚，立刻變得目瞪口呆起來。

這位女作家的名字叫瑪格麗特．密契爾（Margaret Mitchell），她的一生只做了一件事情，就是創作了自己唯一的一部作品，叫《飄》。如今，這世界上沒有多少讀者不知道《飄》和瑪格麗特．密契爾，但那位自詡為著作等身的奧地利男作家，雖然寫了五百多部小說，但我們至今也不知道他叫什麼名字。

轉念智慧

生命對於誰都是短暫的，誰都沒有辦法把世界上的事情去一一做完，對於上帝來說，一個人的一生或許只是上帝千千萬萬件事情中普普通通的一件，與其把我們的一生堆成沙粒一堆，還不如把自己磨亮成鑽石一顆。

一生只做一件事情，只要我們能把一件事情做得盡善盡美，也遠比把許多事情都做成一堆廢坯更能讓心靈敬仰。一粒鑽石，也永遠都比一堆沙粒更加珍貴。

創意，人生的峰迴路轉

市郊的河灘，原本是一塊荒蕪的沙地，春天時，來了一個老農，將荒草拔掉，壟起了田壟。人們問他說：「這塊沙地上，你準備種什麼呢？」老農笑笑坦誠地說：「沙地還能長什麼？只是種西瓜還行，我就種西瓜。」人們聽了都紛紛搖頭，七嘴八舌說：「你老家不是這裡的人吧？你可能不知道，這些年，我們這裡西瓜多得都成災了，瓜熟時，大街小巷都是西瓜，賣著特別的難，許多瓜農都愁哭了。」

老農聽了，笑笑說：「我種的西瓜和他們的不一樣。」

「不一樣？」人們疑惑了，問：「是新品種嗎？」老農搖搖頭。人們說，不是新品種，有什麼不一樣呢？再說了，就是新品種，又該如何，不還是西瓜嗎？老農不說話，只是淡淡的笑笑。

過了幾個月，許多人都湧到市郊的河灘上去，尤其是年輕人和孩子們。我們幾個朋友好奇，也跟著去了。到河灘上一看，那片原來的荒灘已經碧綠一片了，爬滿了翠綠翠綠的西瓜藤，一群孩子和年輕人湧到瓜田旁的樹蔭下，圍著那位老農在爭先恐後的說什麼。我們走過去一看，原來是每個人都在向老農報自己的姓名。

我們好奇的問身旁的一個孩子說：「你們把自己的姓名報給老農做什麼呢？」那個孩子說：「讓自己的姓名長大啊。」

讓姓名長大？我們更驚奇了。好奇的我們於是也把自己的姓名報給了那位老農。拿著寫得滿滿一張紙的姓名，老農帶著我們進了瓜田。瓜田裡的西瓜還遠沒長熟，一個個只有拳頭大，綠油油的、黑閃閃的，像一個一個可愛的青皮球。老農彎下腰去，掏出一把銀亮亮的小刀子，小心翼翼地在一個瓜上淺淺地刻上一個人的名字，扭頭笑眯眯地對那人說：「刻上了你的名字，瓜一長大，你的名字就長大啦。」那個年輕人高興地說：「這個西瓜是我的啦，過些天我要來看看，等長熟了，我就買了它抱回家去。」

我們彎下腰去仔細看，原來許多小西瓜上都已刻上了一個又一個不同的姓名，有的瓜上有一個，有的瓜上有兩個，幾乎每個西瓜上都有名字，我們不解地問老農，爲什麼有的只刻一個，而有的卻刻兩個呢？老農笑笑說：「刻一個的，往往是一個人或者是這個人朋友的名字，他要看自己的姓名隨著瓜長大，瓜熟後自己品用或者作爲禮物送給自己的朋友。刻兩個的，一般都是情侶或戀人，他們要讓倆人的姓名隨著瓜一天天長大，然後蒂結出甜美的愛情。」老人樂呵呵地說：「這種瓜可以叫情侶瓜。」

扳著手指等到瓜熟時，我們騎著車子又去了瓜地，一看自己刻在西瓜上的名字果然隨著西瓜的長大而長大了，我們很高興，像許多人一樣快快樂樂地掏錢買回了那個可愛的西瓜。

夏天就要過去時，那個老農沒出瓜田，卻已早早賣完了自己的西瓜。而其他許多瓜農，還正坐在街頭，對著自己那堆積如山卻賣不出去的西瓜悶悶地發愁呢！

轉念智慧

同是生活，失敗和成功常常只是因為一個小小的創意，而人生的不同，是不是恰恰就是因為一個雖很小但卻與眾不同的創意呢？沒有創意，就沒有人生的峰迴路轉，就只有單調的山重水複。而有了創意，就有了人生的妙筆生花，就有了人生的柳暗花明。

人生輸贏，常常決定於自己心靈的創意。

珍惜，便是價值連城

我有幾件古玩，都不是很名貴的古董，只不過我喜歡它們的古樸和造型。尤其是那尊唐代的舞女俑，雲髻高綰，蛾眉蠶目，裙衣的皺褶線條流暢，造型優雅，十分賞心悅目，它是一件並不昂貴的出土古董，一位陝西的朋友贈送我的，我把它高高放在我的書架上，伏案疲勞時，抬頭賞一眼，歇歇心腦。

時常有喜歡古玩的朋友到我這裡來，他們看到那件舞女俑，也十分喜歡，一個個愛不釋手、戀戀不捨的樣子。於是便有人問我討價說：「給你一千元，你把它賣給我吧？」我搖搖頭拒絕了，我想，他開出的價已經不算低了，但為了那區區一千元，我怎能忍痛割愛呢？

過了幾天，這位朋友又來了，進門就盯住了我書案上的那件陶俑，主動跟我談起價格：「我知道，那件陶俑上次給你開價一千元太低了，這樣吧，我今天給你開價五千元賣給我怎麼樣？」

我笑著拒絕他說：「這不是賣不賣的問題，再說，它怎麼能值那麼多錢呢？」任他怎麼說，我還是婉言拒絕了。

又過了幾天，他又來了，進門連茶也顧不得喝一口，就又同我談起那件陶俑的價格來了，他豪爽地說：「這次你也別推辭說賣不賣了，瞧，我給你拿來了一萬塊，不低了吧？這錢歸你了，這件陶俑我現在就帶走。」一萬塊的確是不少了，我自己都不相信這件陶俑竟能值一萬元，但作爲朋友，我並不想賺他的錢，讓他破費一萬元卻買了個並不昂貴的古玩。另外，我也不喜歡他今天的作風，仗著自己有一萬元，就要強買強賣，我拒絕他說：「跟你說過的，這件陶俑根本不值這麼多錢，我只是喜歡把玩它，並不指望靠它來賺錢，你出多高的價格，我都不會賣的。」見我這麼堅決，朋友只好失望地悻悻走了。

過了幾個月，他忽然帶著一個人來了，並向我介紹說那人是廣州的一個大老闆，十分癡迷於古玩，願意出價十萬元買我的陶俑。那人見了我的陶俑，頓時也是讚嘆不已，他說十萬元現金已隨身帶來了，只要我點頭同意，我們便可立即成交。看著那位老闆放在我茶几上的一大疊鈔票，我忙向他解釋說：「這只是件普通古玩，根本不值那麼多錢的。」但憑我怎麼解釋，朋友和那位廣州老闆都不相信，他們說：「如果不是件寶物，你能這麼珍惜它嗎？十萬元還不樂意出售，那肯定是一件寶物了。」我感到自己沒法向他們解釋清楚，就打電話請來一位對文物研究極有造詣的朋友。朋友看了我的陶俑就笑了說：「這是一件很普通的陶俑，最多價值五百元。」

「五百元？」朋友和他帶來的廣州老闆都大吃一驚，他們不相信這件陶俑竟這麼地不值錢，我笑著告訴他們說：「這是古董專家估的價，現在你們總該想信了吧？」

兩個人疑疑惑惑地走了。

我笑他們的癡迷：「這兩個人，要用十萬元來買我這件破陶俑。」研究文物的朋友說：「你無意間運用了古董交易的技巧，一件並不貴重的東西，你珍惜它，它就具有價值了，你越珍惜它，在別人看來它的價值就越大。」朋友說，玉和鑽石不就是石頭嗎？但天下的人都珍惜它，於是一塊玉石和鑽石就成無價之寶了。

轉念智慧

給石頭注入了心靈的珍惜，石頭就成了玉石和鑽石，給金屬注入了心靈的珍惜，金屬就成了白銀和黃金。

珍惜我們自己的東西，就是一張廢紙，只要注入了我們真誠的珍惜，那麼有一天它也會價值連城的。

從眾，是生活的俗人

昆蟲學家在觀察毛毛蟲的生活習性時，曾做過這樣一個實驗：

把一根樹枝折成圓形放在一堆樹葉上，然後依次在圓形樹枝上放上十幾隻毛毛蟲，很快，這十幾隻毛毛蟲就在樹枝上排成一個圓形，首尾相接地蠕動起來了，牠們從上午走到下午，從下午又走到第二天、第三天……

期間，有一隻毛毛蟲一不小心從圓形木棍上掉下來了，牠在樹枝旁蠕動了蠕動，就觸到了那些嫩生生的綠葉，於是牠便有滋有味地吃起來了。

四天過去後，樹棍上的那一圈毛毛蟲已經全部餓死了，牠們一個一個還首尾相接在那根樹枝上，如果牠們有哪一隻稍稍偏離一下樹枝，甚至只是稍稍扭一下自己的身子，牠們的觸角就可以觸到那些鮮嫩的綠葉了，但因爲牠們寸步不離前者的足跡，所以，儘管美味的綠葉食物就近在牠們的身旁咫尺，而牠們卻全部餓死了。

只有那一隻不幸從牠們隊伍中摔掉下來的毛毛蟲幸運地活了下來，牠吃得身材臃腫、通體綠亮，還在葉片上快樂地生活著。

昆蟲學家嘆息說：「那一群首尾相接累死餓死的毛毛蟲，牠們不是餓死於牠們的路永無盡途，牠們是餓死於牠們自己的盲目從眾意識，而不幸摔下樹枝的那隻毛毛蟲，牠能幸運地存活下來。是因爲牠幸運地被摔出了一個盲目從眾的心理習性。」

從眾，讓那些毛毛蟲身距綠葉咫尺卻白白餓死了，脫離從眾，卻讓一隻毛毛蟲意外地存活下來，而我們多少人何嘗不是那些盲目從眾的毛毛蟲呢？什麼專業熱門，我們就踴躍報考什麼專業，哪條旅遊路線人多，我們就不加思索地擠進哪條旅遊路線……

結局往往是：熱門的專業，給了我們一個就業的冷落；熱鬧的旅遊路線，只給了我們一抹與眾相同的風景。

轉念智慧

從眾的思維，造就出的只能是思想的庸者。

從眾的人生，造就出的只能是生活俗人。

追逐別人的腳印在生活和命運裡從眾，你往往看不到最新最奇的人生風景，你永遠抵達不了與眾不同的生命境界。

卷七 為生命奔跑

- 撬起世界的支點
- 為生命奔跑
- 夢想都是這樣化為泡影的
- 絕地重生
- 化蛹成蝶
- 把握機遇
- 豐富生命給的盛宴

Change your words,
Change your world.

撬起世界的支點

在聞名世界的西敏寺大教堂地下室的墓碑林中，有著一塊揚名世界的墓碑。

其實，這只是一塊十分普通的墓碑，粗糙的花崗石質地，造型也很一般，與周圍那些質地上乘、做工優良的亨利三世到喬治二世等二十多位英國前國王墓碑以及牛頓、達爾文、狄更斯等名人的墓碑比較起來，它更是微不足道不值得一提且十分普通的一塊墓碑。並且它只是一個無名氏的墓碑，沒有姓名，沒有生卒年月，甚至它連墓主的一個介紹文字也沒有。

但就是這樣一塊墓碑，卻是名揚全球的一個著名墓碑，每一個到過西敏寺大教堂的人，可以不去拜謁那些曾經顯赫一世的英國前國王們，可以不去拜謁那些諸如狄更斯和達爾文等世界名人們，但他們卻沒有人不來拜謁這一個普通的墓碑，他們都被這個墓碑深深震憾著，準確地說，他們都被這塊墓碑上的碑文深深震憾著。

在這塊墓碑上，刻著這樣的話：「當我年輕的時候，我的想像力從沒有受過限制，我夢想改變這個世界。當我成熟以後，我發現我不能夠改變這個世界，我將目光縮短了些，決定只改變我的國家。當我進入暮年以後，我發現我不能夠改變這個國家，我的最後願望僅僅是改變一下我的家庭。但是，這也不可能。當我躺在床上，行將就木時，我突然意識到：如果一開始我僅僅是去改變自己，然後作爲一個榜樣，我可能改變我的家庭；在家人的鼓勵和幫助下，我可能爲國家做一些事情。然後，誰知道呢？我甚至可能改變這個世界。」

據說，許多世界政要和名人看到這篇碑文時都感慨不已，有人說這是一篇人生的教義，有人說這是一章生命力學的論文，還有人說這是靈魂的一種自省。當年輕的曼德拉看到這篇碑文時，他頓然有醍醐灌頂之感，聲稱自己從中找到了改變南非甚至整個世界的金鑰匙。回到南非後，這個志向遠大，原本贊同以暴抗暴、抵抗種族歧視鴻溝的黑人青年，一下子改變了自己的思想和處世風格，他從改變自己、家庭和親朋好友著手，歷經幾十年，終於改變了他的國家。

轉念智慧

真的，想要撬起世界，它的最佳支點不是整個地球，不是一個國家，一個民族，也不是別人，它的最佳支點只能是自己的心靈。

要想改變世界，你必須從改變你自己開始。要想撬起世界，你必須把支點選在自己的心靈上。

為生命奔跑

每天早晨，當曙光剛剛照亮非洲大草原的時候，那些羚羊一睜開眼睛就開始練習起了奔跑，牠們箭一樣地踩落露珠，讓自己敏捷的身軀和草原上的陽光展開奔跑。陽光和晨風被牠們追逐著，牠們的四蹄，把風和陽光遠遠地甩在自己的身後。

也是在早晨，當草原上射下第一道陽光的時候，那些獵豹和獅子也紛紛從草叢中躍起，閃電一樣，在莽莽的大草原上練習起飛跑，牠們不追逐陽光和風，牠們只夢想自己能跑過那些最矯捷的羚羊，然後在飢餓的時候，可以追上那些風一樣快的羚羊群。

羚羊和獵豹、雄獅都是非洲大草原上以奔跑而揚名的佼佼者，但一隻歐洲動物考察隊經過連續幾年的觀察卻驚訝地發現，有些箭一樣的羚羊卻被並不健壯的獵豹和雄獅捕食了，而一些並不矯捷的羚羊，卻輕而易舉逃脫了獵豹和雄獅們閃電一樣的利爪。

這是爲什麼呢？考察隊解不開這個奇異的謎。

後來，考察隊盯上了一隻年輕雄獅，同時跟蹤了一群年輕的羚羊。考察隊發現，每當朝陽初升的時候，也是羚羊最危機四伏的時候，這時，沉睡了一夜的非洲雄獅早已餓得飢腸轆轆了，爲了活過新的一天，飢腸轆轆的雄獅就在大草原上四處逡巡，尋找那些敏捷的羚羊群。發現羚羊群後，牠們躡手躡腳地靠著草叢的掩護一點一點靠上去，然後選準個頭小的雛羚羊，或是神態老邁的老羚羊就一個箭步躍出去。在雄獅兇狠地追逐下，羚羊群很快飛跑了起來，但無論牠們奔跑得再快，總有一兩隻羚羊會被雄獅追而不捨，最後澈底把牠們撲倒，鋒利的牙齒一下子深深咬進牠們的喉嚨。考察隊發現，清晨的時候，往往是獵豹和雄獅最容易捕到獵物的時候，也是決定羚羊們活著與否最危險的時候。

但在中午，情況就很不一樣了，那些吃飽喝足的獵豹和雄獅就懶洋洋地半閉著眼躺在樹蔭和草叢下，剛剛飽餐了一頓，牠們對那樣靜止在身旁不遠處的羚羊已經沒有了太多的興趣，能捕到一隻，自己可以吃得更飽一些，假如捕不到獵物，那也沒什麼，牠們的體力足以支持到第二天早上。因此，對於那些近在咫尺的羚羊，牠們也是象徵性地追逐一番，捕得到的就捕一隻，捕不到的，獵豹和雄獅只是象徵性地追逐幾個回合，往往捕不到就草草收場了。

科學家們感慨地說：「早晨時獵豹和雄獅們是在爲自己的生命奔跑，所以牠很容易就捕到了獵物。而到了中午，已經吃飽喝足的獵豹和雄獅們僅是爲了自己能吃得更飽而奔跑，嚴格來說，僅是爲了自己生活得更好而奔跑，所以牠們常常是無功而返。」

爲食物而奔跑，獵豹和雄獅常常一無所獲，爲生命而奔跑，獵豹和雄獅卻時時無一落空。同是奔跑，目的不同，得到的收穫也絕不相同。

轉念智慧

為溫飽和財富奔跑，我們的人生可能會終無所獲。為生命奔跑，我們的人生才可能碩果纍纍。人生，要為只有一次的生命努力奔跑。

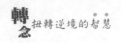

夢想都是這樣化為泡影的

這是流傳在非洲的一個故事：

一個人要到森林獵獲麋鹿，他扛著獵槍在森林中找了很久，終於發現了一隻膘肥體壯的麋鹿。獵人十分高興，他悄悄潛伏進草叢，準備靠近後再開槍，但正當他已經接近麋鹿時，忽然，前邊的草叢裡跳出了一隻豺狗，那是一種十分機敏的豺狗，牠的四肢十分輕捷，牠十分不屑地望瞭望這個又瘦又矮的獵人，傲慢地在離獵人沒多遠的地方散起了步，獵人被激怒了，端起了獵槍就瞄向了豺狗。但這隻豺狗實在太聰明了，看到瞄向自己的黑槍管，牠輕輕一跳就跳到別邊去了，當獵人好不容易又瞄準牠正要勾動扳機時，牠又一跳，又使獵人的瞄準落空。牠戲弄著獵人，但並不走遠，惹得獵人十分生氣，獵人於是從草原中跳出來，端著獵槍直直地朝豺狗撲去，但豺狗卻撒開四爪一溜煙逃開了。逃了一段距離，估計不在獵人獵槍的有效射程之內，牠又傲慢地站住，轉過頭來，挑釁似地盯著獵人。

獵人可一點兒也受不了如此對待，他咬牙發誓，今天非要同這隻豺狗一決輸贏，非把這隻豺狗打死不可，獵人忿忿地向豺狗追去，追到了一片又高又密的草叢裡時，豺狗不見了，獵人在草叢裡找了半天，那隻豺狗早沒了蹤影。獵人正懊惱時，卻從草叢裡驚起了一隻灰色的兔子，這隻兔子又肥又大，而且機敏過人，牠縮起兩隻前腿高高坐在地上，面對著近在咫尺的獵人，傲氣十足地懶洋洋捋著自己的長長鬍鬚。一瞧見牠那模樣，獵人更加氣憤了，自己追著那條可惡的豺狗跑了半天，累得要死卻勞而無功不說，又遇見了這隻傲慢十足根本不把自己放在眼裡的混蛋灰兔，連這隻灰兔也敢用蔑視的眼光來看自己，自己還算什麼獵人呢？獵人決定不再繼續和那隻躲起來的豺狗賭氣了，非把眼前這隻可惡的灰兔打死不可。

但這隻灰兔也十分狡猾，當獵人用獵槍瞄準牠時，牠就前後左右跳個不停，讓獵人一直沒有開槍的機會。獵人鬆懈下來時，牠也隨著鬆懈下來，縮起兩隻前腿，悠閒地捋著自己的鬍鬚，用嘲諷的目光輕蔑地望著獵人。獵人生氣極了，拎起獵槍就去追那隻灰兔，灰兔一溜煙跳進前邊的一片叢林裡去了。

獵人追進叢林，灰兔早就跑得無影無蹤了，精疲力竭的獵人正為叢林茂密發呆時，忽然聽見頭頂的樹上響起了得意的鳥叫，他抬頭一看，自己的頭巾不知什麼時候已被樹上的那隻黑色禿鷲叼走了，此刻正高高的掛在樹梢上。「太可惡了，竟敢抓走了我的頭巾，我今天非打掉你非把你的羽毛一根不剩地全部拔掉！」獵人頓時大罵說。但那隻禿鷲一點兒也不把這個獵人放在眼裡，牠飛到一棵樹上，獵人剛追到這棵樹下，禿鷲就馬上叼著獵人的頭巾，輕輕一跳飛到了另一棵樹上。獵人就這樣在叢林裡奔來跑去，累得實在一步也跑不動了，就趴在地上忿忿地喘氣。這時，那隻禿鷲忽然得意地問獵人說：「愚蠢的獵人，你那隻麋鹿在哪兒呢？」

「麋鹿？什麼麋鹿？」獵人想了半天，才幡然醒悟，「是啊，我今天是想捕到一隻麋鹿才來狩獵的，可現在，那隻麋鹿在哪兒呢？」

轉念智慧

其實，世界上有多少人不是這個獵人呢？我們原本是朝著一個目標奮鬥的，可在追逐的過程中，我們卻一次一次偏離了自己原來的方向，淡忘了自己生命的目的，到我們幡然醒悟時，我們已經精疲力竭，再也沒有時間去走近自己的人生目標了。

許多人的夢想都是這樣化為泡影的，就像一個人栽下一棵桃樹，夢想是採收果實的，但桃花綻開，他卻沉醉地採擷起桃花來，追逐到了花朵，卻失去了果實。

孤注一擲於自己的夢想，視而不見所有過程中的種種誘惑，這是一個人能夠抵達自己真正夢想的唯一之路。

絕地重生

在非洲草原上，常常有這樣一種令人吃驚的畫面：

當一隻幼羚羊剛剛能夠飛奔時，在獵豹和猛獅的緊緊追捕下，那些成年羚羊往往引領著小羚羊們箭似的奔出平坦的開闊地，然後引領著幼羚羊們奔向險峻的山嶺。

動物學家們驚訝的發現，羚羊們逃命的山嶺往往是附近最陡峭、懸崖最多的山嶺，尤其是那些陡峭的山崖，那裡往往是羚羊們逃生的首選之地。每當獵豹和雄獅氣勢洶洶地追來時，帶隊的羚羊會在一瞬間一躍而起，牠果斷地引領著羚羊們的浩蕩隊伍，避開重重攔截，向距離最近的山峰奔去。其實，一隻成年的壯羚羊如果在草原上飛奔起來，那些快如閃電的獵豹和雄獅也是很難追上牠的，牠矯健地在草原上左右盤旋，就是跑得最快的獵豹也常常對牠望塵莫及。

那麼，羚羊們爲什麼在生命的攸關的時候卻要給自己選擇一片懸崖呢？當一隻幼羚羊剛剛學會在大草原上飛跑時，由於奔跑的動力不大，牠的腹肌並沒有被最大化地拉開，所以，既使牠撒開四蹄拚命奔跑，奔跑的步幅也不過是三公尺左右。但當一隻幼羚羊在獵豹和雄獅的瘋狂追逐下，被成年羚羊引領上峰頂，前無生路面對懸崖時，在後邊獵豹和雄獅的一步步虎視眈眈逼近下，在成年羚羊悲壯地捨命一躍中，那些幼羚羊也都會悲壯地攢下自己所有的力量，像一張澈底拉滿的弓，然後毀滅性地拚命一躍，讓自己從懸崖上箭一般地射出去。幸運的羚羊，牠們會躍過深淵，跳到對面的山坡或峰頂上，就是那些不幸的羚羊，牠們也是躍落到淵底或躍落到懸崖斷壁上，由於牠們的身體柔韌和矯健，牠們不會遭到多大的損傷。而那些把羚羊們逼上懸崖的獵豹和雄獅，基於自己的身軀太過龐大和沉重，面對那些奮身一躍的羚羊，往往束手無策空手而歸。

最大的不同是，經過躍崖的幼羚羊們，在剛剛躍崖後，牠們的腹肌都有程度不同的拉傷，但拉傷很快恢復後，牠們飛奔的步幅明顯已經增長了，差不多可以達到近四公尺，這樣的步幅，就是在草原上飛奔起來，雄獅和獵豹們往往是望塵莫及的。

動物學家終於明白羚羊們給自己一片懸崖的目的了。

轉念智慧

給自己一片懸崖，給自己的命運一片懸崖，絕地往往可讓你重生，絕境才會給生命創造出神話和奇蹟。

化蛹成蝶

一隻蛹要化蝶了，這是一個十分艱辛的歷程。

首先，牠要經受住飢餓，再美味的東西即使是在牠的口邊，牠也必須壓抑下心靈深處的那份強烈的欲望，把自己曾經臃腫的身材拚命地瘦下去，甚至瘦到皮包骨頭的地步，只有這樣，牠原來那副肥胖的蛹殼才能慢慢地和牠的身體逐漸分化和剝離。對此，昆蟲學家曾做過一次十分有趣的實驗，他們把蛹最喜歡吃的食物，分別放在十隻正在夢想化蝶的蛹旁，一些蛹餓了幾天後，實在禁不住那些美味食物的蠱惑，於是牠們張開口，開始有滋有味地品嘗那些食物。而另一些蛹卻絲毫不為所動，牠們飢腸轆轆，即使餓得難受地一次次痛苦地蠕動，牠們也堅持不吃一口那些就放在自己嘴邊的食物，甚至，有的蛹已經餓得暈睡了過去，但爲了自己的化蝶夢想，面對那些垂手可得的美味佳餚，這些蛹一絲也不會動搖。

幾十天後，結果出現了，那些不能壓抑下自己欲望的蛹，因爲貪嘴，牠們的身體愈發地肥胖了，牠們不過成了一隻更臃腫的蛹。而那些壓抑貪欲，始終不爲美味佳餚而動心的蛹，牠們終於瘦了下來，牠們的肉體與臃腫的蛹殼已成功分離，牠們離自己化蝶的美麗夢想已近了大大的一步。

和蛹殼徹底分離後，牠們只要鑽出自己蛻化的蛹殼，就可以夢想成眞，蛻化成一隻斑斕而能夠自由、輕盈飛翔的美麗蝴蝶了。爲了能早日鑽出堅硬的蛹殼，所有的蛹都使出了渾身解數，有的用並不鋒利的唇齒拚命撕咬蛹殼十分微小的缺口，有的探出頭來用盡氣力企圖把蛹殼的缺口撐得更大些。昆蟲學家發現，在破殼而出的化蝶過程中，這些蛹的表現也是不同的，有的蛹企圖投機取巧，牠們不遺餘力地吐出牠們身上的全部濕液，期望能濡濕自己那堅硬的老殼，以利於撕開更大的缺口使自己能夠不受阻擋地輕鬆脫殼而出。但另外一些蛹就不同了，牠們把缺口稍稍撕大一點點，就拚命地弓起身體從缺口處往外擠，直到擠壓得自己寬厚的脊部傷痕累累鮮血直淌，但牠們絕不會去投機地把缺口再撕大一點點。

這兩種脫殼的方法同樣也導致了兩種絕對不同的結果，那些把缺口撕大不受任何擠壓順利脫殼而出的蛹，雖然牠們輕鬆地脫殼而出了，但牠們根本長不出翅膀變不成蝴蝶，牠們不過成了一隻新生的蛹，而那些背部飽受擠壓歷盡磨難的蛹，牠們背部的傷口很快長出了美麗的翅膀，牠們終於化蛹爲蝶，成爲了一隻美麗的蝴蝶。

轉念智慧

欲望和投機是夢想的天敵，一顆有貪婪欲望和投機的心靈是永遠抵達不了夢想的，要使自己化蛹成蝶，要使自己長出能夠自由飛翔的翅膀，最關鍵的就是要讓自己從欲望和投機的堅硬蛹殼裡脫殼而出。

抵制了欲望和投機，你就有了一雙人生美麗的蝶翅。

把握機遇

一八九六年六月二日，世界上第一台電報機誕生了。電報的誕生，給世界資訊業帶來了一場日新月異的革命，到一九二一年六月二日，當電報誕生短短二十五周年的時候，《紐約時報》對這一歷史性的發明發表了一個總結性的消息，告訴世人：因爲電報的誕生，人們每年接受的資訊量是二十五年前的五十倍。

看到這一消息後，當時有至少五十個機靈的美國人對此產生了濃厚的興趣，他們立刻想到創辦一份綜合性的文摘雜誌，遍選精華，使人們能在千頭萬緒林林總總的資訊中，更加容易和直接地看到自己迫切需要知道的資訊。這五十個人，差不多都是美國的商界精英和政界頭面人物，他們之中有百萬富翁、有出版商、有記者、律師、作家，甚至還有一位忙碌的國會議員。他們都同時從電報誕生二十五周年這個消息上得到啓迪，不約而同地相信，如果創辦一份文摘性刊物，一定會擁有很多的讀者，創辦者百分之百可以從中賺到一筆巨額的可觀利潤。在不到一個月的時間裡，他們都到銀行存了五百美金的法定資本金，並順利辦理了創辦刊物的執照。當他們拿著執照到郵政部門申請辦理有關發行手續時，郵政部門卻一概拒絕了，郵政部門說：「從來還沒有代理過這類刊物的郵購和發行業務，如果同意代理，現在也不到時機，最快也要等到明年中期的總統大選以後。」

許多人得到這種答覆後，就決定按照郵政部門說的那樣，等到明年中後期了。甚至有幾個精明人為了免交營業稅，馬上向管理部門遞交了暫緩營業的申請。但只有一個年輕人沒有停下來，他立即回到家裡，買來紙張、剪刀和漿糊，和他的家人糊了兩千個信封，裝上了一張張的郵購訂單，然後把信送到郵局全部寄了出去。

很快，一本全新的文摘性雜誌《讀者文摘》就送到了許多讀者的手裡，而且發行量直線上升，雪片般的訂單從四面八方紛紛飛向了雜誌社。第二年中期，當郵政部門終於答應代理發行訂閱手續時，《讀者文摘》透過直接郵購早就在市場上穩穩站住了腳跟。那些當初也曾夢想過辦這樣一份文摘性雜誌的人現在手捧著《讀者文摘》個個追悔莫及，如果自己不是坐著等時機，他們也足以辦起這樣一本風靡全美的暢銷雜誌的，但恰恰是因為等待，他們丟失了這一個千載難逢的珍貴機遇。

而沒有等待的年輕人叫德惠特．華萊士（DeWitt Wallace），他抓住機遇，出手就創造了世界出版史上的一個奇蹟，他創辦的這份《讀者文摘》出手不凡而且經久不衰，到二〇〇七年，《讀者文摘》已擁有了二十一種文字、五十二個版本，發行範圍遍布全球五大洲逾一百二十七個國家和地區，訂戶一億多人，年收入達五億美金之多。

成敗就是這樣，當相同的機遇同時光顧許多人的時候，有的人在等待時機的成熟，而有的人卻馬上一躍而起緊緊抓住了機遇。那些從不等待的人成功了，而那些坐等機遇的人，當他們覺得時機已經成熟，準備去抓住機遇的時候，卻常常十分痛悔地發現，那些機遇早就成了別人籃子裡沉甸甸的果實了。

轉念智慧

世界上沒有什麼成熟的時機，當你隱隱約約看見時機時，時機就應該被你立刻抓住，時機不能等待，就是讓它成熟也應該是讓它在你的手心裡慢慢成熟，否則你的等待，只不過是給別人創造了奪門而入的機會。

時機就是現在，成功不能等待。

豐富生命給的盛宴

一個美國商人到非洲去尋找商機，他遊歷了非洲的許多地方，也拜會了非洲許多的公司和工廠，但都沒有找到十分滿意的一筆生意。

一天，商人到了一個十分偏僻的村落，見到一種木雕工藝品，那木雕古樸、大氣，又匠心獨具，很有非洲那粗獷、神秘的特色，商人一見頓時愛不釋手，打聽了一下價格又十分的便宜，商人頓時欣喜若狂，如果能購買到大批量的木雕工藝品，運回美國去，轉手就可以賺一筆啊。於是，商人馬上找到這種木雕工藝品的雕製者，一位又老又窮的老先生，他正坐在樹下跟一群人練習草編。商人對老先生說：「您的木雕工藝品很好，我想和您談一筆生意。」

老先生看了看商人，笑笑問：「那幾件您全都要買嗎？」商人點了點頭，又很快搖了搖頭說：「不，僅這幾件太少了，我要買更多的木雕，希望能長期和您做這筆生意。」

「更多的？」老先生笑笑說：「可是就剩這麼幾件了。」商人說：「您可以再做呀。如果您一個人做得太慢，可以招一幫人跟著您做，甚至可以辦一個木雕工藝品廠或公司，大量地製作。」

老先生很疑惑地問：「就做這幾種木雕嗎？」

商人說是的，就做這幾種就行了。

老先生說：「可是我正在練習做草編呢。」商人問：「是不是搞草編比木雕更賺錢呢？」老先生笑了說：「就我這草編製品，別說賺錢了，只要不被別人看了笑話就行了。」商人不解地說：「既然草編不能賺到錢，那您爲何要練習草編呢？爲什麼不多製作一些您拿手的木雕工藝品呢？」

老先生說：「做那麼多木雕幹什麼？老是重複一樣的工作，乏味死了。」商人說：「可是那樣做您會賺到許多許多錢的。」

老先生搖了搖頭說：「那太沒意思了，一個人怎麼能曠日持久地重複一樣工作呢？一輩子就在一件事上打轉轉，那麼活著和生活還有什麼意義呢？」

商人當然沒能說動老先生和自己合作，沒能和那位老先生談成一筆生意。剛好相反，商人被那個非洲老先生打動了。回到美國後，商人放棄了一筆又一筆他十分得心應手的生意，他先到一所學校當了兩年多教師，後來又做了幾年一家慈善機構的募款員，然後，又徒步周遊世界，創作了大量介紹世界各地風俗民情的文章，成了報刊專欄作家。這個人叫哈溫．斯曼，是美國《國家地理》雜誌最受歡迎的風情專欄文章作者，也是美國最受青睞的一位散文作家。

在一篇文章裡，哈溫．斯曼說：「我們不能因爲沉醉於一朵花而丟掉了整個春天，我們不能因爲沉迷於一件事情而消耗掉自己一生的時光，不停地讓自己豐富，那才是讓生命幸福而歡樂的唯一方法。」

轉念智慧

有多少人能真正認識到這種人生的真諦呢？我們只是把自己牢牢繫在一個生活的木樁上，重複啃食著自己腳下的那一圈青草，生命的盛宴我們僅僅能嘗到自己身邊單調的一小片兒。

豐富自己的生命，這才是讓我們的心靈充實而豐盈的唯一捷徑。

卷八 迎著光，開一扇窗

- 迎著光，開一扇窗
- 一層薄薄的銀足以構成盲點
- 給自己一個方向
- 怨恨，足以毀滅自己和世界
- 僅一粒沙，就能絆倒你
- 木匠家裡沒家具
- 過程最璀璨
- 為心靈留一座花園

Change your words,
Change your world.

迎著光，開一扇窗

朋友買了一間房子，地段不錯，格局也十分合理，唯一遺憾的是光線不太足，幾扇窗子都掩在附近幾幢高樓的陰影裡，晴天時還可以，一遇雨天或天氣不好的日子，屋裡的光線就十分的差，就算白天對窗讀書，也常常需要轉亮檯燈。朋友對此十分煩惱。

一天，他請一些老同學到家裡小酌，朋友們看了他的一個一個房間，都點頭稱道不錯。他說：「格局不錯，就是光線太差。」一位從事裝潢設計的同學聽了，仔細在朋友的房間裡看了又看說：「光線差是因爲你留錯了窗子。」

他不解。那位從事裝潢的同學指點說：「迎著陽光的地方你沒留窗子，沒有陽光的地方你偏偏開了窗子，室內怎麼能明朗呢？」過了幾天，那位從事裝潢的同學帶了一些人來，要幫朋友重新開幾扇窗子，朋友和他的家人擔心地說：「方位不對，怎麼能開窗呢？」

那位同學笑笑說：「什麼方位不對？你想要讓室內光線明朗，就別管什麼方位，迎著陽光開窗就行了。」同學在牆上重新設計了幾個開窗的位置，有幾扇是迎著早上太陽的，有幾扇是迎著下午太陽的，還有幾扇是迎著傍晚斜陽的。設計好後，同學就指揮裝修工人砰砰噹噹打牆，只半天的功夫，就在原來沒窗的牆上打開了幾扇窗子，室內的光線一下子就明朗起來了。

朋友很興奮，邀我到他家去小坐，指著東牆上新開的窗子說，清晨太陽一躍出地平線，那明媚的光線一下子就穿過東牆上的窗子射到屋裡來，照在床上、書桌上，甚至灑在睡夢中家人安詳的臉上；中午和下午時，太陽從面南的幾扇窗子斜射進來，照在室內的牆上和地板上；到了傍晚，一抹夕陽從向西的窗子飛進來，把屋子裡塗得金碧輝煌。在雨天，屋子裡的光線也不差了，可以臨窗看無邊無際的雨幕，也可以臨窗看迷濛的遠山。朋友感嘆說：「沒想到只是開了幾扇窗子，屋裡原本的沉鬱生活，一下子就變得充滿詩情畫意和陽光明媚了起來。」看著朋友感慨不已的樣子，我想如果我們能迎著陽光給我們的心房開幾扇心窗，那將會怎樣呢？

可能因為開錯了窗櫺，我們只看到生活的沉重和生命的陰鬱；可能因為開錯了窗櫺，我們只看到歲月的陰影和社會的烏雲；可能因為開錯了窗櫺，灑進我們心房的只是塵世的炎涼和命運的孤寂……

但如果能迎著陽光給我們的心靈打開一扇窗子，那麼，溫暖的陽光會灑進來，和煦的微風會拂進來，輕柔的月光和星光會飄進來，生活和生命是明媚而溫暖的，這個世界是繽紛而七彩的……

轉念智慧

不要埋怨世界，也不要嘆息命運，許多時候，只是因為我們心房的窗櫺開錯了地方，如果我們能迎著太陽給自己開一扇新窗，那麼快樂和幸福便會灑進心靈，那麼我們將看到生活和命運如詩如畫的溫馨風景。

幸福，只需要我們給自己的心靈迎著陽光開一扇窗櫺。

一層薄薄的銀足以構成盲點

有個英國商人，常常譏笑一位從事天文學研究的朋友說：「你總是在觀察星體，可在那遙遠的星球上，你發現過一塊哪怕是微不足道的金子了嗎？」

貧寒的天文學家說：「金子倒沒發現過，我只是看到了一個更博大的世界。」商人不屑地說：「腳下有金子不撿，卻要去看什麼遠得摸不著的世界，對於財富和生活，你可真算個十足的盲人啊。」天文學家說：「知識讓我眼盲，但財富卻讓你心盲，我真說不清楚你我誰才是真正的盲人啊。」

天文學家把商人拉到自己的窗前，對商人說：「告訴我，你現在看到了什麼？」商人說：「街道行人、郊外的田野、隱約的群山，噢，還有藍天和一朵一朵悠悠的白雲。」

「美嗎？」天文學家問。

「當然美啦！」商人不解其意地回答。

天文學家又把商人帶到一面鏡子前，微笑著問商人說：「告訴我，你現在又看到了什麼？」商人俯下身子反覆看了看鏡子說：「什麼也沒有，只有我自己。」

天文學家問：「美嗎？」

商人聳聳肩自嘲地笑笑說：「就我這面孔，怎麼會有田野、街道、群山和藍天白雲美呢？」

天文學家笑了。天文學家說，「其實，窗子和鏡子都是玻璃，透過窗子的玻璃，你能看見世界的美和自然的美，而鏡子呢，只能讓你看到你自己，同是玻璃，鏡子的玻璃只不過比窗子的玻璃多塗了一層薄薄的銀而已。一層薄薄的銀已經讓你看不見世界而成為盲人了，那麼黃金或許會讓你的心也失明的。」

轉念智慧

是的，一層薄薄的銀已經讓許多人看不見別人、看不到世界而只能看見自己了，薄薄的一層鍍銀，成為了世上許多人的人生盲點，許多人都因為這一層薄薄的銀而看不清世界和自己的人生，這一層薄薄的鍍銀，使許多人成為了心靈的盲人。

我們生命的視線常常就被這一層薄薄的銀遮斷，它使我們看不到夢想、看不到未來、看不到屬於我們每個人生命真正的鑽石和黃金。讓歲月虛度，讓夢想破滅，其實一層薄薄的銀已經足夠了。

給自己一個方向

兩個探險隊員要橫穿越撒哈拉大沙漠，當地的人說：「穿過這片沙漠，至少需要十天。」於是他們帶上足夠十天用的水袋和一些食品上路了，進入浩瀚的茫茫沙漠腹地後，兩個人對前進的方向發生了嚴重分歧，一個堅持按指南針標出的方向朝正北方走，這是他們臨行前已經計畫好的路線，而另一個卻堅持說：「我們應該朝有水的方向走。」因為進入沙漠幾天來，他們已經不止一次地發現，按以前計劃的跋涉路線，他們要走的路上除了那些可怕的一道道起伏沙梁，幾乎連一棵仙人掌也沒有，而其他的方向裡，除了有仙人掌外，還有一些三三兩兩的紅柳叢。尤其讓想改變跋涉路線的那個隊員動心的是，除了他們要走的正北方向外，在其餘三個方向裡，他們都不只一次地看到了迷人的村莊和誘人的湛藍色湖泊。

經過幾次爭執，堅持己見的他們決定分開，一個人按計畫跋涉路線走，一個人則改變方向，向有紅柳叢和湛藍色湖泊的方向走，但令他疑惑的是，那些湖泊和模糊的村莊是那麼的飄忽不定，他一直朝著那些村莊和湖泊走著走著，但一轉頭，卻發現村莊和湖泊已在另一個方向裡，沒辦法，他只好掉轉方向，邁著沉重的步履又向那些村莊和誘人的湛藍色湖泊走去，等他走得精疲力竭時，卻又驀然發現，那些迷人的村莊和湖泊又在另一個方向裡。

十天後，那個堅持向正北走的隊員風塵僕僕地走出了那片浩瀚的沙漠，而那個在沙漠腹地追蹤村莊和湖泊的人卻再也沒有走出來，當地的人嘆息說：「他被沙漠裡的海市蜃樓迷惑了，沙漠裡怎麼會有村莊和迷人的湖泊呢？一個沒有自己方向的人，肯定要葬身在茫茫大漠裡的。」

「堅持自己的方向，摒棄海市蜃樓的迷惑。」這是橫穿沙漠的唯一方法，也是大沙漠探險家的生存哲言。但又有多少人堅持了呢？

轉念智慧

在人生的茫茫沙漠裡，有多少人不是被生活中的海市蜃樓所蠱惑，放棄了自己的人生方向，於是成了生活的碌碌殉道者？而那些堅持自己方向的人，他們沒有被燈紅酒綠紙醉金迷所迷惑，他們沒有見異思遷，沒有急功近利，他們默默地向著自己生命的方向苦苦地跋涉，於是他們從生活中脫穎而出，成了生命的巨人。

給我們的人生一個方向，堅持我們人生的方向，這樣我們才不會迷失在生活的海市蜃樓裡，才能最終從社會的茫茫沙漠中「活著」走出來。

怨恨，足以毀滅自己和世界

海格力士是古希臘神話中一位英雄，他力大無窮，可以搬山，也可以填海，打遍天下卻幾乎找不到一個能和自己匹敵的對手。

有一天，海格力士因爲追擊敵人而走到了一條崎嶇、狹窄的山道上，在他就要追到對手的時候，那個狡猾而陰險的對手忽然丟下一個袋子擋在海格力士前進的路上。海格力士十分惱怒，他不屑地喊：「連山我也能一腳踢翻，何況你這個破袋子，收起你的技倆吧！」海格力士邊喊，邊飛起一腳狠狠踢在那個袋子上，但令海格力士吃驚的是，自己狠狠的一腳不僅未把那個袋子踢飛，那袋子反而因海格力士這狠狠的一腳反而變得比剛才更大了。

惱怒萬分的海格力士又狠狠飛起一腳踢在袋子上，那袋子還是絲紋不動，反而又大了不少，甚至一下子就把海格力士的道路堵死了。海格力士怒火萬丈，他彎腰拔下身邊的一棵大樹，舉起大樹狠狠的砸向那可惡的袋子，但無論他多麼用力，那袋子卻始終完好無損，只是隨著海格力士一次又一次如雨點般的狠砸，那個袋子變得越來越大，剛才還是一個微不足道的袋子，卻眨眼間卻變得比山還大，甚至連天空和大地也要裝不下它了，而且，海格力士每砸一次，袋子裡總有個人洋洋得意的譏笑海格力士說：「你這個笨蛋，你砸啊，你砸啊，再過一會兒，我不費吹灰之力就足可壓死你！」

海格力士已經累得精疲力竭了，但那越來越大的袋子卻依舊完好無損，而且變得越來越硬、越來越堅固。正在海格力士束手無策的時候，這時，從樹林裡跑出了一個白髮蒼蒼的聖人，聖人大喊：「英雄，請千萬別踢、別砸這個袋子了，不然它一定會將天脹塌的，請馬上住手！」

海格力士大吃一驚，他不知道這麼一個破袋子爲什麼竟有如此巨大的魔力？聖人告訴海格力士說：「這個袋子叫仇恨袋，魔力無窮，如果你心裡老記著它，它就會越來越膨脹，甚至可能將世界毀滅，如果你不理睬它，對它熟視無睹，那麼它就會小如當初，連一點點的魔力也沒有。」

聖人又感慨說：「心中充滿仇恨，是一個人毀滅自己和毀滅世界的最大禍根啊！」

轉念智慧

拂去我們心中的怨恨，讓我們的心靈多一份寬容，那麼，我們人生的路上就會少掉像「仇恨袋」一樣膨脹起來的高山，就能擁有更多的平坦和陽光。假若一個人心裡總是裝滿怨恨的火藥，它可能不會炸毀別人，最容易毀滅的恰恰是他自己。不給怨恨在我們的心靈以一席之地，這是我們生命平安和幸福的永恆秘訣。

僅一粒沙，就能絆倒你

一個前攀岩冠軍在一次參加攀岩比賽時，負責比賽的裁判提醒他和其他參賽的選手們說：「請大家檢查一下自己的鞋子，看看裡面是不是有沙子。」

許多選手聽到這個善意的提醒後，紛紛脫掉自己的鞋子，認真地將鞋子倒了又倒。只有這位前冠軍運動員置若罔聞，根本不予理睬。其實，他已經感到自己的鞋子裡面有一粒沙子了，那是一粒很小的沙子，就在他腳的大拇趾下，已經微微地碰到了他的腳趾，癢癢的，卻一點兒也沒有令他不適和疼痛的感覺。當別的運動員在認真地檢查鞋子時，他看著他們，心裡感到十分的好笑：那麼高的一座山，一粒沙子能影響什麼呢？比賽需要的是技巧和耐力，這和鞋裡的一粒沙子有什麼關係呢？他也認識這次來和他一起參賽的許多運動員，他與他們較量已經不止一次、兩次了，他們許多人根本不是自己的對手，耐力那麼差，又缺乏靈活和技巧，每次比賽，自己總是遠遠的把他們甩在自己的身後，別說自己鞋子裡只有一粒沙子，就是有十粒，那又有多大的影響呢？又怎麼能阻撓自己去摘取冠軍的金牌呢？

比賽如期開始了，在裁判員一聲響亮的發令槍響後，運動員們頓時如同脫韁的野馬，騰、挪、飛、躍，爭先恐後的向山崖的頂端奮力爬去。他憑著自己的嫻熟技術和過人臂力，很快就從行列中脫穎而出，搶在了運動隊列的第一名，可攀了不到一百公尺遠，他就感到自己的腳椎心疼痛起來，那粒沙子就像一顆鋒利的牙齒，他每動一下，它就狠狠地咬一口他的腳趾，讓他的那隻腳不敢用力。這明顯影響了他的速度和敏捷，他踮著那隻腳，就像一隻瘸了腿的羚羊，只能靠一條腿在懸崖上前進了。

一個運動員超過了他。

又一個運動員超過了他。

所有的運動員都先後超過了他。他知道，如果不是鞋子裡那粒可惡的沙子，那麼，那些人根本不可能追上自己，更別說把自己甩在他們的身後了。

比賽結束了，雖然他也咬著牙爬到了山峰的頂端，但他是最後一個爬上的。他傷心地脫掉鞋子，痛恨地在已經血肉模糊的鞋子裡尋找那粒沙子。那是一粒只有針尖大小的沙子，黑黑的，根本不起眼，誰也不會相信，這麼微若塵粒的一粒沙子，能夠影響一個運動員的成績，但他知道，就是這一粒沙子，使他丟失了一次摘取金牌的機會；就是這一粒沙子，讓自己在競賽時出人意料的喪失了技巧和能力；就是這粒輕得像羽毛似的沙子，沉重的使自己喪失了再一次走上冠軍獎台的機會。

因爲一粒沙子，他丟失了一塊金牌。

轉念智慧

倒出我們鞋中的哪怕是一粒沙子，記住，絆倒我們的往往不是高山，常常只是我們鞋子裡的一粒沙子。

木匠家裡沒家具

他是一個技藝高超的木匠，不管是多麼破爛、多麼彎曲的木頭，只要你交給他，他都會化腐朽爲神奇，奇蹟般爲你做出一件讓你滿意萬分的家具。

但更讓別的木匠羨慕不已的是，他的製作手藝高超不說，更拿手的是他的修補手藝，不管是門窗、櫃子、椅子、凳子，斷腿的、缺角的、有破洞的。只要交給他，他很快就把它們修補得完好如初，甚至許多他經手修補的家具，就像是一件做工精細的工藝品。

有一天，他家的椅子壞了，他的妻子對他說：「這把椅子的木頭朽到不行了，我們有現成的木材，乾脆，你重新給我做幾把椅子吧。」他拎起那幾把破椅子看看，說：「有我這把手藝，你還愁沒椅子坐？」他取來幾根木材，呼呼噹噹忙了半天，那些原本斷腿的、有著爛洞的椅子就被他一一修好了。他的手藝雖然好，但新用的木材和原來椅子的木材新舊不一，椅子雖然坐著很舒服，但木材色澤不一，就像一件打了補丁的衣服，外表很不好看。

椅子用了半年，有的地方又壞了，那都是些原來沒修補過的地方。他的妻子說：「你有手藝我們又有木材，這次，乾脆重新做幾把新椅子算了，坐著舒服，又漂亮好看，反正，那些木材不用也在牆角裡閒著。」他一一拎起那些椅子看了看，說：「重新做會浪費木材，只用幾根就能修補好了，我有這手藝，還是修補修補吧。」他又取了幾根木材，忙碌半天很快又將那些缺胳膊少腿的破椅子修補好了。但沒過多久，那些修補過的椅子有許多又破了，於是他又鋸了幾根木材進行了修補……

幾年過去了，那些椅子又壞了，他又去牆角取木材想重新修補時，才發現那堆木材已經用完了。他的妻子埋怨他說：「重新做幾把椅子多好，木材新，又漂亮又結實，可是你非要一次次修補，家裡沒坐上過新椅子不說，還把那堆木材用完了。」他妻子又拉他去看自家的大門說：「瞧瞧我們家的大門，也是因為你會木工手藝，更擅長木工修補，破一塊地方你補一塊，破兩塊地方你補一對。你去瞧瞧鄰居的大門，再看看我們家的大門，簡直不能相比！」他踱出院子，看一眼自己家的大門，果然補得東一塊的西一塊的十分難看，而鄰居家的大門，個個做得漂亮又氣派，自己家的簡直和別人無法相比。

他驀然明白了，正因為自己是一個手藝高超的木匠，所以自己家裡才沒有一件像模像樣的家具，才沒有渾然一新的大門和一把嶄新的椅子啊。

轉念智慧

「屠戶家裡沒肉吃，木匠家裡沒家具。」這是一句十分古老的諺語，可能是說屠戶和木匠，但又何嘗不是在警示我，警示你，警示生活中的每一個人呢？行業上的造詣很重要，但恰恰是因為我們擁有一技之長，就像這位木匠那樣，能夠為別人打造千萬把椅子，而自己家裡卻沒有一把舒服的椅子坐呢？

過於看重自己的長處，往往製造了自己的缺陷，一個人的不足，常常就隱藏在他最出色的地方。

過程最璀璨

大衛和羅斯以前是英國倫敦一家環球公司的資深業務員，由於業務的關係，他倆幾乎一生都在奔波，幾乎世界的每一個角落裡都留下了他們的足跡。他們過去常常自豪地說：「我們眞可算得是旅行家了，世界上幾乎每個有人類生活過的地方我們都過去。」

如今，年邁的他們從工作中退下來了。生活對大衛來說，一下子變得悠閒而寂寞了，他整日無所事事，在家裡看看報紙，弄弄院子裡的花草，簡直無聊透了。而羅斯可不同了，這位瘦瘦的、滿頭銀髮的老先生子退下來沒多久便很快成了倫敦電視台、報紙等新聞媒體爭相追逐的「老寶貝」。十幾家報刊雜誌在爭相設立他的旅行趣聞專欄，幾家電視台都在千方百計地邀他做「旅遊」、「風情」、「遊覽」等專題的嘉賓，甚至有記者撰文稱他是「難得的旅行家」了。

大衛怎麼也想不明白，當初自己在公司跑業務時，業績不僅不比羅斯遜色，而且去的國家和地區絕對不比羅斯少，那麼自己爲什麼沒成旅行家，而羅斯卻成了這麼一位聲譽鵲起的旅行家呢？大衛想來想去也沒想明白，於是，大衛提筆給幾家報刊和電視台去信說：「我和羅斯是同事，我到過的地方甚至比他多，但他卻能這麼連篇累牘地寫旅遊文章或做旅遊節目的嘉賓，我想他不過是在一次次杜撰，或者是在欺騙讀者和觀眾們！」

接到大衛的信函後，報刊和電視台都很重視，爲了能立刻驗證正紅極一時的老羅斯是否在做天方夜譚式的杜撰或欺騙，倫敦的 家著名電視台決定把大衛和羅斯這兩個老先生兒一起請來，然後做一期直播節目，讓讀者和觀眾一辨眞僞。

大衛和羅斯這兩個腰身佝僂、步履蹣跚、滿頭白髮的老先生都應邀而至，當節日主持人向羅斯提出了大衛的困惑和疑問後，羅斯微笑著問大衛說：「我們兩個可能過去都去過印度的新德里，那麼大衛先生，您能告訴我您是如何去新德里和從新德里返回倫敦的嗎？」

大衛說：「這很簡單，我搭航班直接從倫敦飛往新德里。」羅斯聽了，微微一笑又問：「那麼您又如何從新德里返回倫敦呢？」

大衛不加思索地說：「還是搭航班，從新德里直飛倫敦就行了。」

羅斯說：「那麼在旅途中您看到了什麼呢？」

大衛想了又想，還是無奈地攤開手說：「白雲，噢，是白雲，除了白雲，在航班上我們還能看到什麼呢？」

羅斯不無惋惜地笑了笑說：「我可跟您不一樣大衛先生，我去印度的新德里時，是搭乘火車、搭汽車和坐輪船，我從倫敦出發，先到法國的巴黎，然後從巴黎到匈牙利、羅馬尼亞，再橫越黑海到土耳其、伊朗，又途徑巴基斯坦才抵達印度的新德里的，在旅途中，我不僅領略了香榭麗舍大街的美麗和優雅，還看到了黑海的碧波和遊船，觀賞了伊朗的浩淼沙漠和阿拉伯民族的民俗風情……」

羅斯接著說：「從新德里返回時，我走的是另一條路線，我從印度出發，遠航印度洋

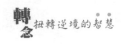

到非洲的索馬利亞，然後經紅海、埃及進入地中海，最後從德國回到倫敦，這條路線上風景更迷人了，不僅有神話般的金字塔、獅身人面像，還有一望無垠的撒哈拉大沙漠……」羅斯詳細解說著自己旅途中的所見所聞，讓大衛、節目主持人甚至觀眾們都聽得著了迷。

羅斯替大衛惋惜說：「你遠去印度，只有起點和目的地，卻沒有過程。而我呢，像撿拾一粒粒散落的珍珠一樣，從不走馬看花，而是把過程中的一切都仔細串了起來，所以當你跑遍世界卻兩手空空的時候，而我卻擁有了旅程上的一串串璀璨項鍊。我現在能撰寫那麼多風光旖旎的異域或風土人情文章，能被觀眾這麼喜愛，僅僅是因爲我沒有忽略過程。」

大衛嘆了一口氣說：「我現在明白自己爲什麼行遍世界卻不能成爲旅行家的原因了，那就是因爲我只有目的地卻丟掉了過程。過程才是豐富人生的惟一辦法，過程才是一個人的眞正財富啊！」

轉念智慧

其實，我們的一生又何嘗不是一種過程呢？在人生的旅程上，許多人總是行色匆匆的直飛自己人生的目的地，忽視了生活的酸甜苦辣，也忽視了生命的幽深況味，當他們回首自己的一生時，他們的歲月一片空白。而一些人卻櫛風沐雨，他們經過人生幽寂的山陰小道，又橫渡過人生的滔天濁浪，他們品味過深夜裡的青燈瘦影，又體味過喧譁人生的世態炎涼……，當他們回首自己的一生時，他們仿佛就擁有了五彩繽紛的一串串晶瑩而燦爛的水晶項鍊，而那每一顆璀璨的珍珠，就是他們自己的一段歲月或一段人生。

珍惜我們人生的過程，因為過程才使我們的生命充實和豐富，因為過程才會使我們的人生璀璨和燦爛。

為心靈留一座花園

在偌大的華盛頓，經營服裝和鞋襪的超市和商店有成千上萬家，但他能準確知道哪家店面的襪子最便宜，差價可能只有一點點。在方圓數十公里內，他知道到哪家速食店用餐最適合，因爲那家速食店可以多給顧客一包餐巾紙。在華盛頓市，他知道坐公共汽車從哪一條大街走，要比走另外的街道可以節省下多少錢，甚至知道哪條街的某個地方有免費公廁，哪個報刊亭在下午五點後出售的日報和晚報降價處理。

在他三十五歲前，他購買的東西每一種都是華盛頓最便宜的，他的每一種消費都是全華盛頓最低價的，沒有人敢和他比計算，從衣服鞋襪到美容、理髮，他都是計算最周密、付出的報酬最低的。鄰居和朋友都個個自愧不如，說他有著和電腦一樣的腦袋，和外星人一樣的精明。也是全美國甚至全世界的第一計算高手，他也曾爲此而洋洋得意。他，就是過去大名鼎鼎的計算魔鬼，現在著名的美國心理學家威廉。

但是三十五歲時，他毅然拋掉了自己的精明，變得不拘小節起來，和從前相比簡直判若兩人。在三十五歲前，他雖說總是事事占盡了便宜，但身體卻特別的差，看醫生、吃藥、住院治療等等全纏上了他，焦慮、失眠、憂鬱是家常便飯。三十來歲，風華正盛，正是一個人生命朝氣蓬勃的黃金時期，但他卻未老先衰成了一個風燭殘年的老人。他去看一位著名的心理學專家，專家說：「這一切全都是因爲你太精明，太熱衷於計算了。雞毛蒜皮的小事把你的心給塞得滿滿的死死的，放不下一點點生活的陽光和歡樂，怎麼能健康得起來呢？」

爲了生命，三十五歲時他斷然改變了自己過去的思維習慣，不再爲節省下幾塊錢絞盡腦汁了，不再爲多得到一包餐巾紙勞心費神了，他讀了大量的心理學著作，改行做了一名心理醫生。在給病人提供心理治療的同時，他開始了一項別開生面的「能計算者」研究，他的研究發現，對生活利益太能計算的人，實際上都是很不幸的人，這種人心胸常被堵塞，每天只能生活在具體的事物中不能自拔，習慣看眼前而不顧長遠。這種人在生活中很難得到平衡和滿足，常常與別人鬧意見，分歧不斷，內心布滿了衝突，他們常常掉在一事一物的糾纏裡，心情常常是灰色的。這樣的人心率跳動一般都較快，是疾病特別喜歡光顧的溫床。

威廉自從丟掉了自己內心那些種種計算後，他變得開朗和幸福了，身體狀況也有了明顯的改觀，在他出版的心理學專著中，他寫道：「生命不能是計算，而應該是享受，心靈裡長滿太多斤斤計較的雜草，就灑不進快樂而幸福的陽光了，拔淨心靈裡的生活雜草，你的心靈就會成爲一個幸福的生命花園……」

轉念智慧

我們拔去了自己心靈裡的雜草了嗎？我們的心靈現在是一座生命的花園了嗎？是的，珍貴的生命不能是計算的，而應該是一種溫馨而輕鬆的享受。

卷九 不複雜，幸福就很近

- 不複雜，幸福就很近
- 從容面對生命
- 只差零點五公釐
- 比黃金還貴重的水
- 心靈無私的可貴
- 人生就是冒險
- 珍惜每句話，就是人生最好的開場
- 大方接納，慷慨給予

Change your words,
Change your world.

不複雜，幸福就很近

哲人把一位小孩、一位物理學家、一位數學家同時請到一個密閉的房間裡，在黑暗的房間裡，哲人吩咐他們說：「請你們分別用最廉價又能使自己快樂的方法，看誰能最快把這個房間裝滿東西。」

哲人吩咐後，物理學家就馬上伏在桌上開始畫這個房間的結構圖，然後埋頭分析這個季節裡哪裡是光束最佳的方位，在哪道牆哪個位置開一扇窗最合適，草圖畫了一大堆，絞盡腦汁的物理學家還是因不能確定在哪道牆上開一扇窗而深深苦惱著。而數學家在聽到吩咐後，立即找來了捲尺開始丈量牆的長度和高度，然後伏案計算這間房的體積，又在苦苦思索能用什麼最廉價的東西恰到好處地把這個房間迅速填滿。

只有那個小孩不慌不忙，他找來一根蠟燭，然後從口袋裡掏出一根火柴，燃亮了蠟燭，昏暗的房間一下子就亮了。在物理學家和數學家還遲遲皺著眉頭設計著自己的種種方案時，小孩已經歡快的在屋子裡圍著搖曳的燭光幸福的跳舞和歌唱了。

物理學家和數學家看著盛滿燭光的小屋，看著那個不費吹灰之力就簡簡單單獲勝的小男孩不禁面面相覷。

哲人問物理學家和數學家說：「你們難道沒聽說過用燭光盛屋這個古老的民間故事嗎？」數學家和物理學家說：「我們知道這個故事，但我們是數學家和物理學家，怎麼會用這麼簡單獲勝和獲取幸福的方法呢。」

哲學家嘆口氣說：「假若你們還是孩子，你們一定也會用這個方法的，但因爲你們成了大名鼎鼎的數學家和物理學家，簡單就能馬上獲取的快樂和幸福卻被你們套上了一堆堆的圖畫和公式，簡單的心一旦複雜起來，歡樂和幸福就離你們越來越遠了。」

轉念智慧

許多幸福原本就是很簡單的，譬如在口渴的時候遇到了一潭泉水，譬如在寒冷的時候找到了一縷溫暖的陽光，但如果我們的心靈不再簡單，你要計算找到泉水需要多遠，你要細算等到陽光需要多久……，而幸福距你就越來越遠了。

其實幸福距你很近，只要你的心靈不複雜。

其實得到幸福很容易，只要你有一顆簡單的心。

從容面對生命

藥鋪有個小徒弟，師傅讓他先學著焙製草藥。秋天時，藥鋪後邊山坡上的野菊花綻開了，師傅說：「菊花朵是上等的瀉火良藥，沒綻開的蕾朵不行，綻開過了頭的藥效也不好，最上等的是盛開了的，但又沒有枯萎之態的，這種菊花不但療效好，而且色香味俱全。」師傅吩咐小徒弟說：「這些天你就別待在鋪子裡了，每天到山上採菊花去。」

按照師傅吩咐，小徒弟每天清晨都早早起床，提著籃子到後面的山坡上採菊花。剛開始時他挺興奮，不用待在滿屋異味的藥鋪子裡，到秋果飄香的山坡上採菊花，又能聽鳥鳴，又能嘗山果，還能盡心盡意地玩耍，這多好啊。但沒幾天他就煩了，師傅天天讓他採滿兩大籃菊花，但這滿山遍野的菊花開了採、採了開，老也採不盡摘不完，弄得自己連玩耍的時間都沒有，一天天的好時光全用在採摘菊花上了。他把自己的不滿說給藥鋪的另一位徒弟，那位徒弟一聽就笑他傻說：「你眞笨，你不會明天起床早一點，明晚回來得遲一點，把那些後天要開的花全摘掉，那麼後天開的花就少多了，你後天就可以輕輕鬆鬆玩耍了。」

小徒弟一聽，眼睛一亮說：「這主意眞不錯，我怎麼就沒想到這個辦法呢。」第二天，他果然在山上一直採到日暮西山時分，不僅將那些正盛開的菊花全採了，而且將那些欲開未開剛剛開始裂蕾的菊花也採了下來。借著銀色的星輝下山時他想：明天肯定可以輕輕鬆鬆玩一天了，因爲山坡上不會再有那麼多盛開的野菊啦。

但第二天他提著籃子到山上一看就愣住了，山坡上一片一片的，還是盛開著那麼多一叢一叢臘黃臘黃的黃雲似的野菊花。

夜裡，當他沮喪地挑著滿滿兩籃野菊花回到藥鋪時，師傅邊笑著邊撿著籃裡的野菊花問：「今天山上的菊花並沒有因爲你昨天的努力而盛開得少一些吧？」小徒弟漲紅著臉點了點頭。師傅微笑著說：「記住，不論你今天怎麼努力，但明天要開的菊花還是一樣要綻開的，世界上許多事都不是我們誰能夠隨便提前的，像一滴水在河裡，它急躁地跳起來成爲一朵浪花，但一閃就又落在從容的河流裡，並沒有比誰流快了一步啊。」

徒弟一聽羞赧了。

轉念智慧

沒有誰能讓今天的夜幕遲一點灑落，也沒有誰能讓明天的太陽早一點升起來，從從容容地面對時光和生活，不疾不徐地面對自己的生命，這才是我們一生和生活的真諦。

生活就在今天，生活就是現在，這才是我們人生最真實、最樸素的態度。

只差零點五公釐

萊斯是一位著名的物理學家和發明家，曾研發和發明過不少的東西。在電話還沒有誕生之前，萊斯就設想發明一項傳聲裝置，這種裝置可以使身處異地的兩人自由地交談，可以更方便人們的資訊傳遞。

根據自己的假設和傳聲學原理，萊斯經過孜孜不倦的研究，用了兩年多的時間，終於研發出一種傳聲裝置。但令萊斯沮喪的是，他研發的這項傳聲裝置，只能用電流傳送音樂，卻不能用來傳遞話音，不能使身處兩地的人自由地交談。在經過無數次的改進和試驗後，萊斯的這項研發毫無進展，依舊無法傳遞話音，於是，萊斯心灰意冷地宣告自己的研究失敗了，並得出試驗結論說：「傳聲學根本無法解決兩地之間話語傳遞的問題。」

和萊斯有著同樣夢想的還有另外一位發明家，他是美國人，叫貝爾。聽到萊斯研發失敗的消息後，貝爾並沒有灰心和絕望，他詳細推敲了萊斯的傳聲裝置，在萊斯研究的基礎上不斷開始新的大膽嘗試，他把萊斯用的間斷直流電，改爲使用連續直流電，解決了傳聲裝置傳送時間短促、講話聲音多變等難題。但這些都是些微不足道的小問題，萊斯也曾這樣假設和試驗過，都沒有取得過成功，貝爾和萊斯一樣，試驗了很多次，同樣得到了令人沮喪的兩個字：失敗！

是不是眞的如萊斯所說的那樣，傳聲學根本無法解決兩地之間的話語傳遞呢？貝爾也陷入了困境。一天下午，當絞盡腦汁的貝爾束手無策地坐在試驗桌旁，面對著他已改進多次的傳聲裝置發呆時，他的手無意間碰到了傳聲裝置上的一顆螺絲釘，這是一枚毫不起眼的螺絲釘，已經有些微微生鏽的釘子頭，釘子也早已沒有了多少金屬的鋼藍色光澤，如果不是自己發呆和無聊，貝爾無論如何也注意不到這顆螺絲釘的。貝爾發現它有些鬆動，便輕輕地將這顆螺絲釘往裡轉了半圈，但僅僅這半圈，奇蹟竟出現了：世界上第一部電話機誕生了！

得知貝爾發明了電話機，萊斯馬上趕到貝爾的實驗室向貝爾表示祝賀，並向貝爾請教。貝爾向萊斯一一介紹了自己對萊斯那部傳聲裝置的改進，萊斯說：「這些我都試驗過。」貝爾摸著那顆螺絲說：「我將它往裡轉了二分之一，竟發生了奇蹟。」萊斯怎麼也不肯相信，一顆螺絲釘多轉或少轉二分之一圈，不過只是零點五公釐左右微不足道的差距，它能決定了什麼呢？萊斯半信半疑地將那顆螺絲釘轉鬆了二分之一圈，奇怪的是傳聲機果然沒有了聲音，他又將那顆螺絲釘向裡轉了二分之一圈，那部傳聲裝置立刻就可以傳遞話語了。

萊斯嚇呆了，繼而淚流滿面、痛悔不迭地說：「我距成功只差零點五公釐啊！」零點五公釐，一顆普通螺絲釘的二分之一圈，卻讓萊斯失敗了。而恰恰只因爲多轉了零點五公釐，貝爾成了家喻戶曉的電話發明家。

轉念智慧

失之毫釐，差之千里。成功和失敗並非是南極和北極之間的迢迢距離，很多時候，它們就並肩站在一起，決定成敗的，往往只是你心靈的一點點傾斜。

比黃金還貴重的水

很久以前，一個阿拉伯商人來到非洲的撒哈拉沙漠，他找到一位嚮導，答應給嚮導一點點金子，然後要嚮導帶他穿過茫茫的撒哈拉沙漠去。

商人帶著很多的寶石和黃金，臨行前，嚮導再三要求他說：「你帶這麼多的寶石和黃金，怎麼帶水呢？沙漠可不同別的地方，穿過它需要有足夠的水。」但商人根本不聽，他很不在乎地問嚮導說：「一點點兒的金子，就能買到一個湖泊，但多少的水才能買到一點點兒的金子呢？」他們上路了，嚮導身上掛滿了大大小小幾十個水袋，但固執的商人由於帶著很多的寶石和黃金，所以他的身上只帶了一點點兒的水。

沙漠裡氣溫很高，走了沒多遠，他們就開始喝水了，剛剛走到沙漠腹地的時候，商人的水已經喝得滴水不剩了，而嚮導的水卻很充足。嚮導埋怨商人說：「早就告訴你要多帶些水，但你不捨得你的寶石和黃金，就帶了那麼一點點水，現在你的水就用完了，下面的路上你喝什麼呢？」

商人狡黠地嘿嘿一笑說：「我有寶石和黃金，還怕買不到水嗎？」

嚮導不解地說：「可這茫茫大沙漠裡，哪裡有賣水的呢？」商人得意的一笑說：「你喜歡寶石和黃金嗎？」嚮導爽快地說：「我又不是傻子，怎麼會不喜歡寶石和黃金呢？」商人哈哈一笑指著嚮導的水囊說：「那我不就找到賣水的人了嗎？」

嚮導聽了，長長地嘆了一口氣說：「你想錯了，我雖然也需要寶石和黃金，可在這大沙漠上，沒有這些寶石和黃金我卻可以活著走回去，但沒水可不行，沒有了水就等於我沒有生命了，在這沙漠上，有水才有生命，水就是一個人的生命啊，難道我會傻到不要自己的生命換那些沒用的寶石和黃金嗎？」

又走了半天，商人渴得實在受不了了，就向嚮導提議說：「我用一點兒的金子買你一袋水怎麼樣？」嚮導搖搖頭拒絕了。又走了一段，商人渴得確實難受極了，於是他向嚮導懇求說：「我用半塊金子買你一袋水行嗎？」嚮導還是拒絕了。

最後，商人感到自己如果再不喝點水就會被渴死，於是乞求地問嚮導說：「你說，我用多少金子才能買你一袋水呢？」

嚮導說：「給我多少金子我也不想賣給你一袋的水，因爲這水就是我的生命啊，不過，如果眞不賣給你一點點的水，你要在這沙漠上渴死了，別人會誤解說我謀財害命，是因爲貪婪你的寶石和黃金把你給殺死了，所以我不得不賣給你一點點水了。」不過他又出價說：「我這一袋水，最少要換十錠黃金！」

商人一聽，大吃一驚說：「水怎麼能那麼貴呢？竟然比我的寶石和黃金還要貴？你這眞是漫天要價信口開河呀！」

嚮導不慌不忙地說：「如果是在河邊或湖畔，那麼這水的開價是有點貴，但現在是在沙漠上啊，答應賣給你一點水，那就是我自己在拿我的生命做賭注，你說我這水貴嗎？」

商人沒辦法，只得用十錠黃金買了嚮導的一袋水。

轉念智慧

水也有比寶石和黃金更昂貴的時候。

不要自卑我們平凡得只是一滴普通的水，也不要埋怨我們自己普通得就像是清晨草原上的一滴露水，但如果換一個地方和環境，當我們自己被許多的心迫切需要的時候，我們就可能成為黃金中的黃金，就可能成為寶石中的寶石，一滴水就肯定比寶石和黃金更昂貴。

心靈無私的可貴

一個精明的荷蘭花草商人，從遙遠的非洲引進了一種名貴的花卉，培育在自己的花圃裡，準備到時候賣上個好價錢。對這種名貴花卉，商人愛護備至，許多親朋好友向他索取，一向慷慨大方的他卻連粒種子也不給，他計畫繁育三年，等擁有上萬株後再開始出售和饋贈。

第一年的春天，他的花開了，花圃裡萬紫千紅，那種名貴的花開得尤其漂亮，就像一縷縷明媚的陽光。第二年的春天，他的這種名貴的花已繁育出了五六千株，但他和朋友們發現，今年的花沒有去年開得好，花朵略小不說，還有一點點的雜色。到了第三年的春天，他的名貴的花已經繁育出了上萬株，但令這位商人沮喪的是，那些名貴花的花朵已經變得更小，花色也差多了，沒有了他在非洲時那種雍容和高貴。當然，他也沒能靠這些花賺上一大筆。

難道這些花退化了嗎？可非洲人年年種養這種花，大面積、年復一年地種植，並沒有見過這種花會退化呀。百思不得其解，他便去請教一位植物學家，植物學家拄著拐杖來到他的花圃看了看，問他：「你這花圃隔壁是什麼？」

他說：「隔壁是別人的花圃。」

植物學家又問他：「他們種植的也是這種花嗎？」

他搖搖頭說：「這種花在全荷蘭，甚至整個歐洲也只有我一個人有，他們的花圃裡都是些鬱金香、玫瑰、金盞菊之類的普通花卉。」

植物學家沉吟了半天說：「我知道你這名貴之花不再名貴的致命秘密了。」植物學家接著說：「儘管你的花圃裡種滿了這種名貴之花，但和你的花圃毗鄰的花圃卻種植著其他花卉，你的這種名貴之花被風傳授了花粉後，又染上了毗鄰花圃裡的其他品種的花粉，所以你的名貴之花一年不如一年了，越來不越不雍容華貴了。」

商人問植物學家怎麼辦，植物學家說：「誰能阻擋住風傳授花粉呢？要想使你的名貴之花不失本色，只有一種辦法，那就是讓你鄰居的花圃裡也都種上你的這種花。」

於是商人把自己的花種分給了自己的鄰居。次年春天開花的時候，商人和鄰居的花圃幾乎成了這種名貴之花的海洋，花朵又肥又大，花色典雅，朵朵流光溢彩、雍容華貴。這些花一上市，便被搶購一空，商人和他的鄰居都發了大財。

轉念智慧

近朱者赤，近墨者黑。高貴也是這樣，沒有一種高貴可以遺世獨立。要想保持自己的高貴，就必須擁有高貴的「鄰居」，要想擁有一片高貴的花的海洋，就必須與人分享美麗，同大家共同培植美麗。只有這樣，我們才能保持自身的純潔和華貴。心靈無私，這是我們保持自身高貴的唯一秘密。

人生就是冒險

喬治住在美國內陸的一個城市裡，他是一個十分平庸的人，他在一家汽車製造廠工作，幾十年來，他謹記父親的教誨，不炒股票，不做期貨，就連彩券他也從不購買，他很推崇父親的話。那就是：除了按部就班的生活，一切都是危險的。

三十六歲的那年冬天，喬治第一次離開老家到異地度假，他選擇了夏威夷，因為活了三十多年了，他還沒有眞正見到過大海，他想到海邊去走走，並親口嘗一嘗海水的味道。

在夏威夷的海岸邊，喬治終於見到了大海，那是一個狂風呼嘯的陰晦天氣，深黑的海水翻捲著濁浪，雪白的浪濤拍擊著海岸的岩石，把海岸拍擊得轟轟直響，就像鋪天蓋地的雷鳴聲，喬治十分驚恐，他沒想到大海竟是如此的猙獰。

就在喬治要離開大海返回旅館的時候，他遇到了一個熱情的老漁夫。老漁夫說：「小夥子，我觀察你的樣子可能是第一次見到大海吧？」喬治老老實實地回答說：「是的，這是我第一次見到大海。」

老漁夫說：「我的小船就泊在前邊不遠的岸邊，我也正要下海去，如果你樂意，可以搭我的小船到海上去看看。」到海上去？就在這樣的鬼天氣裡？喬治慌忙謝絕說：「不，這太危險了。」

「危險？」老漁夫說：「我們常常在這樣的天氣裡下海，哪有什麼危險呢？」喬治才不相信老漁夫的話呢，他問老漁夫說：「難道你們在海上沒有發生過事故嗎？」老漁夫笑笑說：「當然發生過，我的哥哥就是因沉船事故在海上溺水身亡的。噢，還有我的父親，他簡直是一個偉大的冒險家，他曾想划著一個獨木舟去走遍世界呢，但他不幸觸了礁。」喬治問：「還有嗎？」老漁夫哈哈笑笑說：「當然有，我的伯父，我的祖父，還有許多人，他們都是葬身在大海裡的人。」

喬治非常吃驚地問：「那你爲什麼還要做漁夫呢？爲什麼不遠離大海做些其他什麼的工作呢？在海上生活太冒險了！」

「冒險嗎？」老漁夫看了一眼喬治，「能告訴我你的父親死在什麼地方嗎？」喬治說：「他死在我家的床上。」老漁夫又問：「你的伯父呢？」喬治說：「也死在床上。」

老漁夫頓了頓又問：「那麼你的祖父呢？」喬治說：「和我的父親、伯父一樣，他也死在床上。」老漁夫問喬治說：「小夥子，那麼你現在還在床上睡覺嗎？」喬治不解地說：「怎麼不在床上睡呢？」老漁夫搖搖頭說：「你那麼多的親人都死在床上，你怎麼還要在床上睡覺呢？那眞是太危險了。」

床上也危險？喬治大吃一驚。

從夏威夷回來後，喬治就像變了一個人，他開始炒股票、做生意、開公司，沒幾年，他就成了一個腰纏萬貫的富翁。喬治說：「連床也危險，人生沒有什麼安全的港灣，人生就是冒險！」

轉念智慧

人生怎麼不是一種冒險呢？與其在種種危險前縮手縮腳墨守成規，還不如放開手腳去大膽冒險，絕處才能逢生，冒險才會給你帶來成功的機會。

無限風光在險峰，敢於冒險，你才能夠看到人生的一幅幅不同樣子的風景。

珍惜每句話，就是人生最好的開場

一個年輕人，總是對人出言不遜，親朋好友苦口婆心地勸他，他總是毫不在乎地說：「不就是說錯了幾句話嗎？有什麼值得大驚小怪的？」

一天，村子裡來了一位智者，年輕人跟智者說了一句很不尊重智者的話，有人批評了年輕人後，年輕人又毫不在乎地說：「不就是說了幾句錯話嗎？我向他道歉，把那幾句話收回來不就行了嗎？」智者聽了，微笑不語，他吩咐人取來一把鐵錘和幾十枚鐵釘，然後吩咐年輕人說：「小夥子，請你把這些釘子釘到樹上去。」

當然，釘幾十枚鐵釘對年輕人來說並不是什麼太難的事情，年輕人拿起鐵錘和釘子，砰砰噹噹釘了一眨眼的功夫，就把那些鐵釘全釘進到樹幹裡去了。見年輕人輕而易舉就釘完了，智者又吩咐說：「小夥子，請你把這些釘子重新再一一拔出來。」

這個年輕人想，把自己釘的這些釘子再拔出來，這並不是一件多難的事情，於是他綰起袖子，去拔他剛才釘進去的那些釘子。但令他驚訝的是，那些他剛才沒費什麼力氣就釘進去的釘子，現在拔出來卻是萬分的艱難，他咬著牙拚命地用力拔，那些釘子卻絲紋不動，費了好大的勁，拚命拔來拔去拔了半天，他累得精疲力竭，卻只拔掉了區區三、五枚釘子，他不好意思的對智者說：「釘進去那麼容易，但沒想到拔出來卻是這麼地難啊！」

智者笑了，智者把年輕人帶到樹前，指著樹幹上那又小又深的釘孔說：「就是拔出來了，那又能怎麼樣呢？樹幹上不是還留下了這些深深的傷痕嗎？」

智者又看了一眼這個年輕人，語重心長地說：「不加思索的對別人出言不遜，就像輕而易舉就把鋒利的釘子釘進樹裡，釘進別人的心靈裡，儘管你向別人道歉，向別人請求原諒，可真正能給予你諒解的，就像從樹幹裡向外拔釘子這麼困難。而且那些傷人的話語就是求得了別人的諒解，也已經在別人的心靈上留下了深深的傷疤啊。」

年輕人聽了，慚愧地說：「我現在明白出言不遜會是多麼深的一種傷害了。」智者聽了，高興地笑了。

轉念智慧

有許多時候，我們常常因為缺乏冷靜而對別人出言不遜，把鋒利的釘子深深釘進別人的心靈裡，但當我們痛悔著懇求別人給予諒解時，真正的冰釋前嫌卻是那麼的艱難，即使我們再三費力勞神終於獲得了別人的諒解，但也在別人的心靈裡留下了永久無法彌補的傷痕。

魯道夫．斯坦納說：「未經思考就脫口而出的話，會成為我們路上的絆腳石。」要使我們的人生之路少一點坎坷，多一點平坦，就必須珍惜和慎重我們要說的每一句話。

珍惜自己的每一句話，這是一個人人生最良好的開場。

大方接納，慷慨給予

村子裡有兩口水井，一口在村南，一口在村北。

村子裡的地下水位很高，地下水也十分豐富，因此那兩口井都是好井，井裡的水清冽、甘甜，像瓊漿一樣，掬一捧喝到口中，一下子就又甜又爽甜到了心裡去。開始的時候，村南的人汲靠近村南這口井裡的水，村北的人汲靠近村北這口井裡的水。兩口井裡的水都很旺，總也汲不涸。後來有一天，村北的水井裡落下了許多井台旁白楊樹飄落的葉子，村北的人到井上汲水時，往往汲上來許多樹葉，有些村北的人便不再來這口井汲水了，他們挑著水桶，吱吱呀呀往村南去，去村南的那口井汲水，反正村子也不大，村南村北也就不到半里地的路，到村南汲水，也多費不了多少的力氣。

慢慢的，村北的人汲水都到村南的那口井去了。村北的那口井就閒了下來，它很高興，自己需要多少水，地下泉就會湧給它多少水，但沒人再來自己這裡汲水了，自己終於不再擔心那水桶咕咚咕咚吊到自己心臟深處的討厭汲水聲了，自己想多安靜就多安靜，可以悠閒的仰望頭頂上的那一片藍天，可以幽靜的蕩著輕輕的漣漪想自己的心事，它覺得村南的那口井太傻了，整日裡忙著向地底的泉源引水，又忙著把引來的水讓別人汲去，討厭的水桶上上下下的，連片刻的安靜也享受不到，除了忙著接納和給予，它自己又能得到些什麼呢？

一年過去了，兩年過去了，村南的水井更忙了，村北的水更悠閒了。某天一個老太太到村北的井裡汲水，汲上一桶水後，老太太馬上就嘩啦倒掉，然後挑著水桶到村南的井裡汲水去了，因為村北井裡的水已經發黑腐臭了，而且生滿了蠕動的黑蟲子。後來，再沒有人來村北的井裡汲水了，它成了一口廢井，村裡的人商量著準備填掉它。

聽到人們要填掉自己，村北的水井害怕極了，它傷心地找到村南的水井，村南的水井惋惜地告訴它說：「能接納，也能給予，一口井裡的水才能變得甘甜，變得清冽。只接納而不給予，活水就成了死水，就會變腐、變臭，自己就廢了自己，到頭來就只能落得個讓人填掉的悲劇命運啊。」

轉念智慧

井靠接納、給予方能保持自己的永久活力，人也是。一個只接納而吝於給予的心，總有一天它會變腐、變臭，惹得眾叛親離，成為一口生命的廢井。
大方地接納，慷慨地給予，這才是一顆心成為甘美水井的永恆秘密。

卷十 天使就在身邊

- 愛，傳遞出希望
- 天使就在身邊
- 沒錯，就不需要臉紅
- 暗處的眼睛更明亮
- 聽別人把話說完
- 感恩，從母愛開始
- 拾起溫情的米粒
- 綑住幸福的結

Change your words,
Change your world.

愛，傳遞出希望

那是許多年前的事了，當時他剛剛二十歲，跑到南方一個沿海城市做生意，沒想到生意澈底賠了，血本無歸不說，還債台高築，連回家的旅費也沒有了。

就要到春節了，他想了又想，給母親寫了最後的一封信說，如果他春節不回家，可能將永遠不會回家了，請老人家珍重，忘掉他這個不爭氣的兒子吧。他那遠在北方偏僻農村的母親收到他這封沮喪又絕望的信，悲傷地哭了很久，這個世界上，她最牽掛的，就是這唯一的獨生兒子了，他是她的魂啊。

母親找來鄰居家的一個孩子，又從抽屜裡找到一張已經有些泛黃的賀卡，讓那孩子代筆，在賀卡上歪歪扭扭寫了一行留言：孩子，你不回家，媽也不想再活了。

母親拄著拐杖趕到幾十里外的鎮上，把那張賀卡丟進鎮上小郵局外那個綠漆斑駁的郵筒裡。那天的雪眞大啊，風也刮得呼呼作響，從村裡到鎮上，母親摔了幾次跤，紛紛揚揚的大雪，幾乎把母親裹成一個大雪人。

天剛擦黑的時候，小郵局的分發室裡，幾個人正點著燈分揀信件，一個年輕的女作業員首先看到了那張賀卡，她說：「咦，這張賀卡怎麼不貼郵票呢？」

的確，那是一張需要貼郵票的老式賀卡，已經有些發黃了，這樣的賀卡早就沒人用了，女作業員看了賀卡上的留言，將已舉到廢紙簍旁的手縮了回來，對老局長說：「你看，這張沒貼郵票的賀卡。」

頭髮灰白的老局長眯著眼睛仔細看了看那泛黃的賀卡，一雙本來就有些哆嗦的手更哆嗦了，他說：「這張賀卡就是沒貼郵票也不能退回原址，更不能扔，我們要馬上把它投出去。」老局長一臉凝重的神色。

第二天早上四點多，老局長就騎著他那輛和他看上去一樣老的自行車上路了，本來，按照往常的習慣，這麼大的雪，天氣又這樣冷，局裡是可以不去縣裡送郵件或者取郵件的，幾十里的山路，白雪皚皚的，路上的積雪太厚，又很少有行人，這樣的行程太危險。

但老局長看著沒貼郵票的賀卡，彷彿就看見了兩條站在懸崖邊上的生命啊！絕望的孩子、還有抱著僅僅一絲希望的一位老母親……，老局長的眼睛濕了，他顧不上自己那天一冷就隱隱作痛的老腿，把那張沒貼郵票的賀卡掖在胸口的口袋裡，騎上車就冒著紛紛揚揚的大雪上路了。

天黑的時候，棉襖和眉毛上落滿白雪的老局長終於趕到了縣裡，他匆忙停好車子就一溜風似地跑進郵局的信件分發室。

分發室的人很驚訝地說：「這麼大的雪你還跑什麼，不想要你那條老命了？」老局長笑了笑，顧不上喝一口熱茶暖暖身子，就從貼身的口袋掏出那張賀卡說：「這賀卡忘了貼郵票，但它拴著兩條人命呢，說什麼我們也要把它投出去！」分發室的人一一接過那張還有著老局長體溫的賀卡傳著看了看說：「寄，馬上就寄，這張賀卡一點兒都不耽誤！」他們「啪」地在賀卡上砸上了黑亮的郵戳，想想又在那張賀卡的空白邊緣上鄭重的寫下一行黑體小字兒：這是一張很重要的賀卡，望能迅速投遞！落款是：○○縣郵局全體同仁。在落款上，他們又蓋上了一枚黑亮的郵戳。

雪還在紛紛揚揚地下著，但夜裡十點多，郵局公務車卻上路了，這是郵車第一次走夜路，何況還飄著那麼大的雪。

局長讓胖胖的司機看了看那張賀卡問：「什麼時間往市區郵局送？」胖司機笑笑說：「您別將我的軍，我還能不知道什麼時候送？這張賀卡，今夜不投遞到市區郵局裡去，我感覺就無法好好地入眠了！」

局長拍拍胖司機的肩膀，招呼了兩個年輕人隨車一起去，再三叮囑他們說：「今晚一定要送到市區郵局去！」

熾亮的車燈照在地上的積雪上，比白天的陽光還耀眼，郵車搖搖晃晃地冒著大雪上路了。

黎明時分，郵車終於停在了市區郵局大門口，胖司機親手提著那件裝著這張賀卡的郵件走到分發室，市區郵局的工作人員很詫異，什麼十萬火急的郵件啊，竟冒著大雪和危險連夜趕來？

胖司機取出那張沒貼郵票的賀卡說：「趕不上你們今早的分發，今年的春節我也別想過得踏實。」

郵局的人看了賀卡，迅速分揀好，拍拍胖司機的肩膀說：「八點準時讓它上特快車，耽誤了它，我們和你老兄一樣心裡很難踏實！」

八點的時候，那張賀卡和一些郵件被準時送到了遠去的特快車上，開始了它的新一程傳遞……

他是在四天之後的深夜收到母親的這張賀卡的。那時他已蜷縮在一個偏僻的小旅館裡的通鋪上睡熟了，睡眼惺忪的旅店老闆喚醒了他說：「有你一個郵件，我讓郵差給我再轉交給你就行，但郵差非要親手給你。」

跑得汗涔涔的郵差說：「本來這張賀卡是明天早上送的，但既然今天晚上就分到我的郵包裡，今天晚上不送到你的手上，我心裡不踏實。」說著，就把那張輾轉了萬里的賀卡遞給了他。

「怎麼，沒貼郵票？」他看了看手中的那張賀卡愣了。

「是沒貼郵票，可它就這麼一程一程地投遞過來了。」郵差微笑著望著他說。

他看看賀卡上母親的留言和邊緣空白處那行陌生人留下的小字，「哇」地一聲哭了。旅館裡其他旅客聽到他的號啕大哭都紛紛披著衣服圍了過來，大家默默地傳遞著那張泛黃的、沒有郵票的賀卡，默默掏出了錢放到他的面前說：「回家去吧，你媽在家裡等著你呢！」

那一堆錢有五十元的、一百元、兩百元的，還有許多硬幣，他知道，住在這地方的人，都是些經濟不太寬裕的人。

懷著那張賀卡，他終於踏上歸去的列車。如今，年過四十的他，已是北方一個大公司的總經理了，他和善、樂於助人，似乎他開公司的目的不是要賺錢，只是爲了一種雪中送炭的施捨。他的辦公桌上，總放著那張泛黃的用相框鑲起來的賀卡。

只有他知道，愛是一個人一個人一程程一程程傳遞過來的，就像是一種生命的接力，當初，那麼多陌生人將愛傳到他手上，把愛傳下去，那是他一生唯一的任務，那張賀卡沒貼郵票，但曾被許多陌生的愛心傳遞給他了，愛，是通行於生命的唯一郵票。如果把愛的心靈一顆一顆地串起來，那世界將是多麼璀璨的一串水晶啊！

沒事的時候，他常常默默凝視著那張母親的賀卡，那張沒有郵票的賀卡，他的眼裡常常會湧滿淚水。爲母親，更爲那些直到現在他仍不知道名字的人們，也許是爲了生命之間的那些閃爍著愛的光芒的心靈吧！

轉念智慧

愛，是不會忘記的。

天使就在身邊

ＳＡＲＳ肆虐期間，有一個從異鄉歸來的女孩被果斷隔離了，她面色潮紅，持續高燒，被醫生確定感染了ＳＡＲＳ病毒。中心醫院在縣裡的一個荒僻角落建立隔離中心，眾多的醫生和護士紛紛爭先恐後地向上級申請，要求到隔離中心去工作。

正當大家爭得不可開交時，一個五十多歲的中年婦女來了，她背著行囊，帶著自己的生活用具，她找到一位主管說：「我是鄉鎮醫院的一個老護士了，我要到隔離中心去做護理工作，行李和生活用具我已經帶來了。」指揮中心的主管說：「縣裡中心醫院要求到隔離中心去的醫生和護士已經夠多了，我們正爲難著同意誰去呢，你這個鄉鎮醫院的老護士就算了吧。」這個婦女說：「我做護理工作時間長，經驗豐富，還是讓我去吧。」

主管婉言謝絕說：「你年齡這麼大，隔離中心的工作又日以繼夜的，你的身體是吃不消的，你還是算了吧。」見主管要走，堵在門口的老護士慌了，連忙亮出了自己的撒手鐧說：「你們一定要批准我去，相信沒有人是能比我更合適的。」見主管還是不理睬，這個婦女更焦急了，她說：「因爲患者是我唯一的女兒！」

「女兒？是你的女兒？」主管大吃一驚，然後又搖搖頭笑笑說：「別胡說了，像你這樣爲了能到隔離中心去工作，謊稱自己和患者是親戚和同學的醫生和護士多了，你騙不過我們的。」中年婦女聽了，也不怎麼分辯，只是彎下腰去在她的行囊中迅速翻找東西，很快她就捧出一本相簿來，她把相簿打開給領導說：「這都是眞的，你瞧，這是我和女兒，還有我們全家人的相片。」主管接過相簿一看，頓時愣住了：這老護士說的沒錯，患者果然是她的女兒。主管說：「那你就更不能去隔離中心了，一家人有一個患者已經夠不幸了，你知道，ＳＡＲＳ是傳染性極強的病毒……」中年婦女打斷主管的話說：「正因爲是這樣，我去才更合適，這是我們家的不幸，絕不能把我家的不幸帶到更多的家庭去，而且患者是我的女兒，我做護理，她配合的可能會更好些……」

主管想了想，立刻開會進行了研究，很快就決定批准她到隔離中心去，因爲她是一位經驗豐富的護士，而最主要的是：她是患者的母親。

她果然很出色，在她的精心護理和她女兒配合治療下，她女兒的病情很快就得到了控制並且出現了好轉。但就在她女兒就要康復走出隔離中心時，這位母親卻忽然高燒不退咳嗽不止，經大夫診斷，她被傳染了。

當時，她的女兒正在辦理離開隔離中心的手續。聽到這個消息後，女孩停止要辦的手續說：「我不走了，我要留下來護理我媽媽！」中心的主任皺著眉頭說：「這怎麼行呢？你剛剛痊癒，再說……」女孩說：「我是就要畢業的護理專業的學生，何況患者是我的媽媽！」

主任說：「你自己也是剛剛痊癒啊！」

女孩說：「我不做護理，中心一定還要派其他的護士來，你知道，照顧SARS患者是十分危險的，何況我剛剛康復，身體內的抗體一定比別人更活躍，沒有人能比我更合適的。」女孩說的有理有據，中心的主任有些猶豫了。女孩又說：「我媽媽是因爲照顧我而感染上SARS的，難道就不能讓我媽媽做護理嗎？」

隔離中心主任和幾個人研究後同意了。

兩個多月後，在隔離中心全體人員的精心治療下，這對母女康復出院了，那天，在隔離中心門口，站滿了許多她們認識或不認識的人們，他們帶著鮮花，帶著歡笑，帶著掌聲，帶著崇敬來迎接她們。

那鮮花和掌聲是送給那位母親的，同時也是送給女兒的，是送給深深的母愛，也是送給濃濃親情的。把危險留給自己的家庭和自己，把平安和幸福擴散給社會，這是多麼樸素又多麼聖潔的心靈啊，有這種心靈的人，一定會是天使。

轉念智慧

天使就和我們生活在一起，在我們的同一個工廠、同一村莊、同一輛公共車同一群為生活和工作忙碌的人群裡。

天使就在我們之中。

沒錯，就不需要臉紅

那時，早晨七點的八路公共汽車，是我們從家裡湧向學校的唯一交通工具。那時還沒有現在滿街都是的汽車、摩托車。每到六點四十分左右，當曦微的晨光剛剛薄薄塗亮這座城市灰濛濛的樓房和街衢的時候，我們這群剛剛十六七歲正讀高中的孩子們，就像一群剛剛學會飛行的雛燕，嘰嘰喳喳地背著書包，一齊湧到這個叫「蓮花寺崗」的站牌下，翹首等待著那輛油漆斑駁、走起來僅乎有些搖搖晃晃的公共汽車。

從我們「蓮花寺崗」到我們就讀的高中有七站，沿途都是一群一群等待乘車的高中學生，往往車還沒剎穩，人群嘩地一下就湧到了車門口，喊的叫的，車門頓時像決口的堤壩，吵吵嚷嚷的人群呼啦就湧了進來，座位肯定是早就沒有了，就連走廊上、汽車的引擎蓋上全都密密麻麻地擠滿了人。誰踩著誰的腳啦，誰擠著誰啦，誰不小心撞著別人啦，吵的，罵的，指責的，甚至撕撕扯扯的，都是我們每一天早晨必須經歷的第一課程。

對於這些煩人的事情，我絲毫不用擔心，因爲我家距公共汽車站最近，不過就兩站的路，我上車的時候，搶幾個空座位是絕對沒有問題的。再說，儘管我剛剛十七歲，但個頭卻不小，足足有一八一公分，加上整天在學校籃球隊打中鋒，胳膊、腿都擰著一股股使不完的勁兒，攘一攘人，搶個座位什麼的，我的優勢十分明顯，那群同齡的同學們沒有幾個能成我的對手，我的好朋友常常有些討好性質地誇我說：「你往我們這幫同學裡一站，就跟一群笨雞裡闖進一隻鶴似的，那成語叫什麼『鶴立雞群』來著。」

我聽了，只是不動聲色的得意：這小子不惜把自己奚落成笨雞，不過是讓我在搶占座位的時候，順手牽羊幫他搶一個座位而已。不過，爲了朋友每次把我恭維成「鶴」，每次搶座位，我都給他搶一個，從沒讓他失望過。

在這樣擁擠的車上，讓座位的事情幾乎沒有發生過，印象中只有一次，是一個高三年級的男同學，羞羞答答的給他的一位女同學讓座位，那男同學還沒站起來，整個車廂裡就已經噓聲四起了，有人怪聲怪氣地嘰嘰喳喳說：「我們要有座位，也一定讓給我們的女朋友呢！」那要讓座的男同學一聽臉一下子就紅了，連白皙的脖脛都紅了，在座位上一下子深深埋下了頭去，那個女生也被眾目睽睽的目光和滿車廂的噓聲羞哭了，肩膀一抽一抽的。駕車的落腮鬍子司機搖了搖頭嘆聲氣說：「瞧你們這幫孩子！」後來，聽說那個男生和那個女生果然有神秘的「朋友」關係，只是因爲這次讓座，男孩沒想到弄巧成拙，在公共汽車上當眾出了醜，女孩爲這次讓座事件，不得已而轉學了。後來果然沒在這趟公共汽車上見過那個女孩子。那次「讓座事件」，後來成爲了校園沸沸揚揚的一次笑談，使我們這八路公車上從此再沒有發生過「讓座」的事情。即使是自己的好朋友站得再腰酸腿麻，即使是自己的女朋友站得體不能支，誰也不敢再冒然讓座，誰想重蹈那種弄巧成拙眾目睽睽下出醜的舊轍呢？

但第二次讓座的竟是我，我竟然會把座位也讓給了一位女孩子，連我的好朋友都驚訝不已說我：「沒想到你小子還這麼俠骨柔腸，臉皮厚的滿車廂都羞不紅啊！」

那是一個冬天的早晨，在八路公共汽車上，我照例輕而易舉地搶到了一個座位，當然也爲朋友搶了一個座位。我們心安理得地坐著那輛搖搖晃晃的公共汽車又走了剛剛兩站的距離，車廂裡照例人又擠得密不透風了。我的座位旁邊站著一個瘦瘦的女孩子，她穿著銀灰色的羽絨服，臉色蒼白得像一張白紙，一副弱不禁風的樣子。隨著車廂裡的人越來越多，女孩幾乎被擠得喘不過氣來，車一搖，女孩忽地被擠得歪了過去，車一搖，女孩忽然被擠得歪了過來，女孩沒有辦法，死死地抓著我座位的扶手，大口大口的喘著粗氣。有兩次，我幾乎聽到了女孩被別人踩了腳或被人群不由自主擠壓而發出的輕微呻吟聲。我想站起來，讓女孩坐到我的座位上去，但一想到那個「讓座事件」，我就沒有勇氣了。

公共汽車走走停停，車上的人越來越擠了。我偷偷瞥了那女孩一眼，見她的臉色越來越蒼白了，她的嘴無力地張著，喘氣十分艱難，有幾次，隨著車體的晃動，她幾乎已經跌倒在了我的肩膀上。看見她痛苦而無助的樣子，我怕她只能再堅持幾分鐘，就會身不由己的倒下去，我再也不能心安理得地坐下去了，我站起來對她說：「來，妳坐這兒吧！」她先是很驚詫地望著我，直到我又說：「來，妳坐這兒吧！」她才愣過神來，這時，因爲我的讓座聲，喧嚷的車廂突然寂靜了，滿車廂的目光唰地全集中了過來，女孩被這突然的寂靜和眾目睽睽一下子弄得不知所措，她有些感激地看著我，又低下了頭去。我明白她的意思，很想坐過去，但又十分懼怕滿車廂那些錐子一樣的目光，我看也不看那些奇形怪狀的目光，一拉那個女孩說：「你坐吧，我站一會兒！」一把將女孩拉到了座位上。

車廂內頓然又噓起來，有吹口哨的，有怪聲怪氣拍巴掌的，還有嗤嗤譏笑的，還隱隱約約聽見有人嘰嘰喳喳說：「又一對戀人公開亮相了。」女孩驚慌地抬頭望了我一眼，我強裝鎮定地安慰她說：「坐吧，沒什麼。」

車廂裡噓聲更響了。我強裝鎮定地不去理睬他們，我只是平靜地盯著車窗外，竭力裝出一副無所謂的樣子，有一刻，我眞想對著那些噓得起勁的人狠狠地叫一聲，但我忍耐著，總算沒吼出來，我若無其事地盯著窗外一棵棵一閃而過的法國梧桐樹，平靜的像什麼也沒有發生過一樣。要知道，我從沒有在這麼眾目睽睽之下有過這樣的沉靜和自若，我常常會臉紅，但在這天早上，我的臉沒有一絲灼熱感，竟沒有紅。

車到學校門口，滿車的人很快就走散了，包括那個女孩子。我走到車門口的時候，向來不怎麼愛說話的落腮鬍子駕駛司機喊住我問：「小夥子，多大了？」

「十七。」我說。

「好，像個標標準準的大小夥子啦，噓聲那麼響，臉竟一點也不紅！」司機讚許地說，我笑笑說：「有什麼好臉紅的？」

「對，十七歲的年輕人們應該懂得什麼事該臉紅，什麼事不該臉紅了！」司機笑呵呵地說。是啊，已經十七歲了，已經不是做了好事差事都會臉紅的兒童和少年時代了，對於我們做得正確的事情，我們爲何還要臉紅呢？

轉念智慧

正確的事情，對於長大的人，是不該臉紅的，有一些事情，是不需要我們臉紅的，儘管還會有噓聲、有倒彩、有譏諷的掌聲……長大了，臉就不會再錯誤地紅了。

暗處的眼睛更明亮

伊爾・布拉格，是美國一位黑人水手的兒子，他家境十分貧寒，全靠父親拚命奔波在大西洋各個港口賺得的微薄薪金艱難度日。在中學讀書時，伊爾・布拉格就表現出了他的出色寫作天賦，他積極閱讀各種書籍，盡可能地把自己的每一篇作文寫好，剛開始時，他常常得到他的一位黑人老師的鼓勵，作文經常被老師做爲範本，在課堂上被老師抑揚頓挫地朗讀。從那時起，伊爾・布拉格便有了一個自己的夢想，那就是：長大後做一名出色的記者。

但不久，伊爾．布拉格便開始遭到接一連三的毀滅性打擊，他的新老師是一個傲慢無比的白人，對有色人種充滿歧視。伊爾．布拉格寫的一篇作文，他竟指責是抄襲的，伊爾．布拉格向他辯解說：「眞的，這是我獨立完成的一篇作文，沒有參考過別人的文章，更不是抄襲的。」那位白人教師充滿譏諷地說：「這是連上帝都不會相信的事情，一個骯髒的黑腦袋，怎麼能寫出這麼優美的文字來！」伊爾．布拉格說：「雖然我的膚色是黑的，但我的心靈一樣善良、一樣嚮往幸福和美好。」

那位老師勃然大怒，他厲聲喝斥伊爾．布拉格說：「你這貧民區的下等人，你沒有資格擁有美好、善良這些偉大的美麗辭彙，你要記住的是，所有美麗的辭彙永遠和你無緣！」

伊爾．布拉格委屈地哭了。

回到家裡，伊爾．布拉格哭泣著對母親說起了自己的遭遇和委屈，他告訴母親說，因爲自己是黑人的孩子，學校的兒童唱詩團從不讓他參加，而在教室裡，像許多黑人孩子一樣，他們的座位總是被排在教室最暗的地方。

母親聽了，沉默了好一會兒，然後把伊爾．布拉格輕輕拉進屋子裡，她關上門，拉上所有的窗簾，然後只在一個窗子上留一道小縫，屋裡一下子變得暗極了，只有那道留下細縫的窗子裡射進來一縷金黃的陽光。然後母親拉著伊爾．布拉格走到那扇窗子前，問伊爾．布拉格說：「孩子，你透過這道細縫看外面，是不是看得更清楚一些呢？」伊爾．布拉格靜靜向外面望了好久才回答說：「是的媽媽，我現在似乎看得更清楚一些了。」他想了想不解地問媽媽說：「媽媽，這是爲什麼呢？」

「這是因爲我們站在陰暗的地方。」媽媽說。

媽媽又告訴伊爾．布拉格說，在他們的老家，那一望無際的非洲大草原上，羚羊和野馬們並不擔心那些站在陽光下的雄獅和獵豹們，因爲在太陽下太明亮，牠們往往看不準牠們要追捕的對象。媽媽說：「最可怕的是那些躲在樹蔭下的獵豹和雄獅，因爲在暗處，所以牠們的眼睛更敏銳看得更準確，牠們可以輕易鎖定住自己所追捕的目標，而且牠們在暗處看準的獵物，差不多都是些幼小或老弱得跑不快的，牠們幾乎能百分之百的手到擒來，而如果站在明亮的陽光下篩選目標，那結果可就差多了。」

媽媽說：「孩子，你懂得我所說的意思嗎？」伊爾．布拉格點點頭說：「媽媽，我明白了。」

長大後，伊爾．布拉格果然就像他媽媽所說的那樣，他站在社會的底層和生活的暗處細心地觀察，寫出了一批又一批令人吃驚的出色新聞報導，成爲了美國第一個獲得普立茲新聞獎的黑人記者，創造了一個美國新聞史上的奇蹟。他說：「別人稱我目光敏銳，看待事情透澈、犀利，那不是因爲別的什麼，只因爲我始終把眼睛睜開在生活的暗處！」

轉念智慧

是的，在強烈的陽光下如果你想看得清楚些，你就必須戴上能製造陰影的茶色或黑色墨鏡；在熾烈的電光和火光下作業，你就必須戴上黑色的防護鏡。不要埋怨自己沒有生活在社會的聚光燈下，也不必抱怨自己總是站在生活的暗處，暗處的眼睛才能讓你看得更真切些暗處的眼睛才會讓你的人生有更多的發現。

聽別人把話說完

有一次，美國著名電視節目主持人林克萊特當著幾百名觀眾的面採訪一個小男孩。這是一個十分活潑而勇敢的小男孩，他坐在電視攝影棚的觀眾席前排，當林克萊特採訪完一位熱情洋溢的觀眾剛轉過身來時，他聽到一個稚嫩的聲音說：「先生，你爲什麼總是採訪別人，能不能採訪採訪我呢？」

林克萊特邊轉過身來，他看到了一個非常漂亮而可愛的小男孩正充滿好奇和期望地望著他，林克萊特笑了，他說：「小傢伙，我正準備採訪你呢！」

「眞的？那我可就太榮幸了！」小男孩興奮得兩眼炯炯發亮。林克萊特馬上調整了一下自己的思路，微笑著問小男孩說：「小傢伙，能問一下你長大後的夢想是什麼嗎？」

「長大後的夢想嗎？」小男孩的大眼睛咕咕碌碌飛快地轉了轉，像是思索了一下，然後很快就回答說：「我想當一名飛機駕駛員！」

「飛機駕駛員？」林克萊特說，「那可是很了不起的一個夢想啊！但是，要想成爲一個出色的飛行員，也並不是十分容易的事情。」林克萊特頓了頓說：「小傢伙，如果有一天，你的飛機正好飛在太平洋的上空，但所有引擎都突然熄滅了，你會怎麼辦呢？」

小男孩又想了想說：「我會馬上告訴飛機上所有的乘客，請他們全都繫好自己的安全帶，然後我掛上降落傘就跳出去！」

現場的觀眾和林克萊特都哈哈大笑起來，他們都以爲這個小男孩是個聰明又自私的小傢伙，那麼危機的關頭，他竟能置飛機上所有乘客的安危於不顧，卻自己掛上降落傘逃走了，這是多麼一種令人所不齒的卑劣行爲啊。但童言無忌，這不過是電視節目中的一個小玩笑，這麼一點點大的小孩子，他能說出什麼正確而偉大的話來呢？按照導播的時間安排，爲了盡量不打亂節目時間計畫，大笑著的林克萊特馬上走到了另一個觀眾席去，他要去採訪一個企業家，但他剛把要採訪的問題問完，正要把麥克風遞給那個企業家時，林克萊特忽然感到有人正在焦急地在後邊拉他的衣襟，他回過頭來一看，頓時就愣住了，原來是剛才那個接受採訪的小男孩，小傢伙似乎很難過，大大的眼睛裡湧滿了瑩瑩的淚水。林克萊特不解地說：「小傢伙，你還有什麼問題嗎？」

小男孩委屈地說：「對不起先生，我剛才的話還沒說完呢。」林克萊特把委屈滿腹的小男孩抱到一把高高的椅子上，然後把話筒遞給小男孩說：「十分對不起，小傢伙，來，請你把你想說的話說完。」小男孩拿起麥克風，望了一眼驚詫十分的觀眾們說：「我跳下去拿燃料，然後馬上就會回到飛機上的！」

攝影棚裡頓時靜極了，靜默了一會兒，當所有的觀眾都回味過來時，頓時響起了排山倒海的掌聲。林克萊特緊緊摟住那位小男孩說：「對不起，剛才我沒把你的話完全聽完，請你原諒我。小傢伙，你眞是好樣的！」從那時起，林克萊特就告誡自己：聽一個人說話時，一定要聽他把要說的話說完。幾十年來，林克萊特一直堅持這樣做，他曾創下在醫院危急病床前聽一個臨終者斷斷續續說話三十四個小時，採訪一個參加過越戰的老兵，聽他情緒激昂地連續說話、抱怨了二十八個小時等紀錄。因此，他成了很受觀眾青睞和尊重的著名節目主持人。

轉念智慧

聽別人把話說完，這是對別人的尊重，也是對自己的尊重。只要你能夠聽別人把話說完，那麼這個世界便不會和你的心靈拉開距離，你就會得到許多心靈的尊重和支援，成功和幸福就離你不遠了。

感恩，從母愛開始

一個年輕人負氣出門遠遊，其實很不值得，他不過是被自己的媽媽輕輕責備了兩句而已。但年輕氣盛的他，卻沒和自己的家人告別一聲，就一個人悄悄離家出走了。

一天，年輕人來到一個偏僻的小山村，他又冷又餓，已經整整四天沒有吃到東西了，在泥濘的村口，他雙眼一黑昏倒了。

醒來的時候，他躺在一個溫暖的床上，額頭上放著一張浸了溫水給他降溫的毛巾，一個頭髮花白的老太太，正坐在床邊給他一勺一勺地餵薑湯。可能是擔心薑湯太燙，每當餵他前，老太太總是輕輕地對著湯匙吹幾口氣，然後才小心翼翼地一口口餵給他喝，看著老太太那一副慈愛的模樣，他的鼻子驀然酸了，兩顆晶瑩的淚珠慢慢湧上了他的眼角，他哽咽著對老太太說：「謝謝您！」老太太笑眯眯地說：「醒來就好，出門在外的，不用這麼客氣呀。」

夜裡，窗外飄著鵝毛大雪，他剛剛閉上眼睛想甜甜地睡去，忽然聽見門吱的一聲輕響，老太太躡手躡腳地進來了，輕輕給他掖了掖被角。看著額上落滿雪花輕手輕腳生怕驚醒他的老太太，他終於忍不住哇的一聲哭了起來，緊緊拉著那位老太太的手說：「眞的謝謝您了！」接著，他便如實告訴了老太太自己離家出走的緣由。老太太靜靜聽完他的話，憐愛地嘆息一聲說：「你眞是個傻孩子呀！」老太太頓了頓對他說：「我不過就爲你做了一頓飯、掖了一次被角，你就這麼地感激我。可是有人給你做了記不清多少次的飯，給你掖過了幾千次被角，但你感激過她一次了嗎？」給自己做過數不清多少次的飯，給自己默默掖過了幾千次被角？這個人是誰呢？他愣住了，不解地望著立在床邊的老太太。

老太太笑著對他說：「這個人就是你媽媽呀。」老太太問他說：「你媽媽爲你做了那麼多，你曾對她說過一句謝謝了嗎？」

他呆了，是的，媽媽爲自己做了那麼多，付出了那麼多，自己眞的至今連一聲謝謝都沒說過。愧疚的淚水漸漸湧滿了他的眼眶，爲眼前這位萍水相逢的老太太，更爲那一個神聖而溫暖的詞：媽媽。

轉念智慧

我們曾經感激過許多相識或不相識的人，我們曾經為一件件的事情而心存感激，但我們誰曾對自己的媽媽由衷地說過一聲：「謝謝您」呢？

媽媽的溫暖就像陽光，沐浴其中，我們卻從未想到過感激。媽媽的慈愛就像最細碎而晶瑩的鹽粒，我們一日三餐安然品味著它的芳香，卻在菜餚裡從沒有看到過鹽粒的光芒。

母愛在我們的身邊時時蕩漾，就像鹽粒入水。它那麼默默地滋養著我們，我們卻永遠不曾留意它那純美的晶瑩。感恩世界，感恩一切，我們必須從感恩母親開始。

拾起溫情的米粒

那是一個遠近聞名的稻米大戶，他是一個十分普通的農民。我們是十分偶然路過這個家庭，並且在那裡經歷了一頓飯的時光。

飯做好了，他從屋內扶出一個虛弱的老先生，還有一個銀髮稀疏、老態龍鍾的老太太，他把老先生和老太太扶到餐桌旁坐好，然後憨厚地笑笑向我們解釋說：「這是我爸爸和我媽媽。」我們一起坐下來，圍著餐桌開始吃飯，飯很普通，普通的蒸米，普通的水煮白菜和馬鈴薯絲。他邊招呼我們吃菜，邊一筷子一筷子地給老先生夾煮得爛熟的菜，給老太太夾一片一片煮得透亮的白菜葉，他不好意思地笑著跟我們解釋說：「他們老了，愛吃這個，卻夾不住。」的確，那兩位老人都很老了，枯瘦又生滿褐斑的手有些微微地發顫，拿不緊的筷子經常掉到餐桌上，他有時把菜夾進父母的碗裡，有時乾脆小心翼翼地把菜餵給他們吃。兩個老人不說話，像兩個十分聽話的孩子。

他笑笑跟我們說：「我們兄弟小的時候，他們也常常這樣餵我們。」我們點點頭說：「是呀是呀，我們很小的時候，父母都常常這樣餵我們。」我們在和他說話的時候，心就隱隱地泛起了一些不安來，是的，我們小時候父母是這樣常常餵我們，可當我們長大，而父母老了的時候，我們能像他這樣耐心地餵過自己的父母嗎？

兩位老人的手顫得厲害，筷子不時掉落到餐桌上，他笑著，一次又一次不厭其煩地把筷子撿起來，輕輕地再遞到兩位老人的手中。隨著老人筷子掉落的，還有許多潔白晶亮的米粒，那米粒像晶瑩的玉屑，一粒粒在餐桌上閃著溫溫玉玉的柔和光澤，每掉出一些米粒，那兩位老人都無奈地輕輕笑笑，看得出，那是他們對自己蒼老得不能穩穩夾住米粒的不好意思。他不說什麼，心平氣和地伸出自己的筷子，一顆又一顆地夾起那些散落的米粒，然後一粒一粒地送進自己的口中。偶爾他抬起頭，看到我們有些驚訝的目光，他平靜地解釋說：「以前，當我還是孩子的時候，老人們也這樣，爭著撿我掉在桌上的米粒吃呢。」然後他又撿起幾顆米粒，邊輕輕地咀嚼，邊輕聲跟我們解釋說：「人一老，就變成孩子了，我這樣吃，爸媽會很高興的。」果然，我們抬起頭看那兩位老人，他們都很幸福的樣子，蒼老的臉上流露出淡淡的滿足的笑意，很開心地看著他們正撿米粒吃的孩子，那神情，就像兩個懵懂的孩子，正暖暖地望著自己的父母。這一刻，我驀然相信了，這個遠近聞名的稻米大戶，他的確不是爲了節儉幾顆米粒，他是在節儉一些生活和心靈的恆久溫情。

很多年了，每當我和自己年邁的父母坐在一起吃飯的時候，我的腦海裡都會清晰地閃動著餐桌上那些晶瑩剔透的米粒光芒，都會浮想起那個農人一顆一顆撿吃米粒的動人剪影，我堅決相信，那兩位年邁的老人是幸福的，因爲，他們擁有一個撿拾他們遺落米粒吃的兒子，那是多麼甜美多麼幸福的一種親情和愛的回應啊。

轉念智慧

幸福並不需要多麼深刻，幸福，重要的是要有一個溫暖的愛的回應。

網住幸福的結

人們常說，愛情和婚姻不是一碼事，愛情是一朵繽紛而溫馨的花朵，而婚姻則是一枚苦辣甜鹹的五味果。戀愛的時候他對這話很懷疑，但走進婚姻的殿堂後，他才知道這句話不僅僅是愛情婚姻的經驗之談，而且簡直是愛情婚姻生活的一句至理箴言了。

他和妻子懷著同一種浪漫的婚姻夢幻攜手走進油鹽醬醋的眞實生活後，磕磕碰碰的生活也使他們過去的愛情默契磕磕碰碰起來了。朋友們勸他們，他們總是淡淡地一笑說：「小吵小鬧，沒什麼。牙有時還會咬傷舌頭呢。」他十分相信一句說婚姻的俚語：「磕磕碰碰到百年。」但他的老祖母卻不這樣看。

老祖母總是埋怨他說：「過生活哪能爲雞毛蒜皮的事兒爭吵個沒完沒了呢？」於是，就開始囉囉嗦嗦給他們講她和他爺爺的古老婚姻故事。他們的婚姻故事乏味而平淡，沒有波瀾，也沒有任何節外生枝，只是平平常常的油鹽醬醋，但老祖母講著講著，她那早已混濁的一雙老眼便燃起了熠熠的溫情之光。她重複了一次又一次她和他爺爺的溫馨故事，不過是在一個滴水成冰的夜裡趕路，他爺爺將自己的棉襖不由分說地脫下，披上她的肩膀，而他爺爺卻只穿著單衣裹緊了衣襟趕路；或者是逃荒的路上，他爺爺將僅剩下的幾個玉米饅頭全都哄著騙著讓她吃了，而他的爺爺半個月只靠幾塊樹皮度飢……，老祖母講得自己唏噓不已，而他卻聽著聽著便便昏昏欲睡了。

她講的故事又平又淡，並且是許多瑣碎的細節。這樣的婚姻故事他不願聽。但靜下來想想，祖母也挺不簡單。那麼平淡的故事，那麼瑣碎的細節，她竟記了一輩子，頭髮都霜白了，許多的人和事都早已模糊不清了，卻仍然牢牢在記憶著這些瑣碎而繁雜的陳穀子爛芝麻，仍然對他早已作古的爺爺那麼一往情深。

那天，爲了一件小事兒，他和妻子又吵了幾句，祖母知道後，不知從哪裡找出一張破破爛爛的舊漁網，拄著拐棍顫巍巍走過來，把網丟到他和妻子跟前說：「吵嘴的功夫，還不如你們下河去網幾條魚回來。」

他苦笑著說：「這破網能網住魚嗎？」

老祖母瞪著昏花的老眼說：「怎麼網不住魚？這不是漁網嗎？」

他苦笑著捧起網說：「瞧這網破爛成什麼樣了，別說網魚，連船都網不住。」老祖母固執地說：「怎麼網不住，不就是爛掉了幾個網結嗎？」

他妻子也笑祖母糊塗，勸老祖母說：「奶奶，網結都破了，魚不全溜了，怎麼能網魚？」

他祖母一聽便得意地笑起來。祖母說這破網是我們祖上傳下來的呢。我和你爺爺年輕時，也是你們這種三天一小吵五天一大吵的德行，別人怎麼勸也不行，一天你老奶奶拿這張破網讓我和你爺爺去網魚，網了半天，魚都從爛結處溜光了，一條也沒網到，你老奶奶就開導我說：「夫妻倆生活就像這張網，一個網結一個網結的，生活才又平安又殷實，如果爛一個網結你不理睬，再爛一個網結你依舊不管，那恩愛祥和的家庭生活，就會像網裡的魚一樣溜淨的。」

他和妻子一聽，愣住了，是啊，生活何嘗不是一張網，每一天何嘗不是一個網結呢？完整的網，可以網住一生的美滿和幸福，而如果一個網結破了我們不去及時修補它，那麼或許一生的溫馨和幸福，就會像一條條的游魚，從這個破爛的網結裡一個個溜光的。

他和妻子把那張破網掛在床頭的牆上，常常默默地看著它，他們懂得了珍視每一個網結，懂得了每一天對整個一生的重要。

轉念智慧

要使自己生活得更加完滿和幸福，幸福就不能爛掉一個結！

卷十一 儲蓄愛，一生幸福

- 愛，是最好的肥料
- 唯有愛，才能改變世界
- 愛的聲音，最美
- 願為愛低頭
- 注入了愛，就是天堂
- 愛，沒有力學
- 愛，言語不足承載
- 儲蓄愛，一生幸福

Change your words,
Change your world.

愛，是最好的肥料

美國的一個鄉村裡，有一個小男孩，剛剛學會走路的時候，卻不幸患上了急性脊髓灰白質炎（編按：即小兒痲痺症），不但他的牙齒變得參差不齊十分難看，而且他的腿也變成一瘸一拐的。

小男孩很自卑，和小朋友們一起玩耍時，他常常因爲自己的牙齒而被人嘲笑，有時，一些頑皮的小夥伴，還常常模仿他走路一跛一瘸的樣子，並且大聲喊他「瘸子……瘸子……瘸子……」漸漸地，小男孩不再出去玩耍了，他常常整天一個人待在家裡或院子裡，總是低著小腦袋，半天也不說一句話。

春天來了，小男孩的父親興沖沖地從外邊扛回了一捆樹苗，而且，還帶回了村子裡所有的小朋友，父親將小男孩也喊到院子中，神秘地對小男孩和那群孩子們說：「小傢伙們，我今天買回的這一捆樹苗可不是簡單的槭樹，這都是些了不得的樹苗，它可以預測一個人的明天和未來。栽下它，如果誰栽種的樹長得又快又壯，那麼他長大後一定會十分了不起，一定會成爲名人或者做出一番大事業的。」父親給每個小孩分了一棵樹苗，然後，扛上鐵鍬，領著孩子們，把那幾十棵樹苗全栽種在自己家的屋後。

這片槭樹苗很快就成活了，綠綠的葉子像一個一個嫩嫩的小手，新生的樹枝泛著翠綠的光澤。但令人驚訝的是，小男孩的那棵樹是長得最快也長得最好的。父親常常把小男孩領到那片樹林裡，指著那棵樹苗說：「孩子，你將來會是最有出息的，瞧瞧吧，你的這棵樹長得多好，它比其他所有的樹苗都要長得快、長得壯！」沉默寡言的小男孩抬頭望望自己的那棵樹，發覺父親說的果然是眞的，自己的那棵槭樹枝肥葉壯婷婷玉立，眞的比其他的小朋友的樹都長的好，於是小男孩的黑亴眼睛裡泛起了第一縷亮亮的笑意。

小男孩開始嘗試著走出院子和其他的小朋友們玩耍和唱歌了，每當有人譏笑小男孩的牙齒和瘸腿時，小男孩會挺起胸脯說：「牙齒和瘸腿並不能說明什麼，我長大後一定能比你做得更好，不信，你可以去看看我的那棵槭樹。」

當小男孩終於長成一個十六七歲的小夥子時，他果然是全村孩子中最棒的，雖然他的牙齒不好看，但他卻能言善辯，在學校的演講會上唇槍舌劍、口吐蓮花，贏得一陣又一陣的喝彩聲；雖然他腿瘸，但在成績上他一直遙遙領先，讓所有的同學都望塵莫及，他成了全校最活躍的人物，成了方圓幾百里青年學生中的一個出類拔萃的明星。

有一年暑假，小男孩回到了家裡，半夜的時候，他聽到屋裡有隱隱約約的聲音，他爬起來，一瘸一瘸地悄悄走到房後，在那片已長得茁壯的槭樹林裡，他發現了父親，父親正在給他的那棵槭樹澆水和施肥呢。一瞬間，他終於明白了自己的槭樹爲什麼總是比別人的長得快、長得壯的秘密了，站在皎潔月光下他問父親：「十幾年來你一直是這樣的嗎？」

父親笑著點了點。他趴在父親的肩頭哭了。父親說：「孩子，這沒什麼，我不過給這棵樹補充一些肥料而已。」他抹把眼淚，感激地對父親說：「不，你這是給我的心靈施肥料，讓我有成長的自信！」

轉念智慧

幾十年過去了，那個瘸腿小男孩果然就像他栽下的那棵槭樹一樣，在那棵槭樹成為一棵參天大樹時，他也成為了美國的總統，而且是至今唯一的身有殘疾卻倍受美國甚至全世界深深愛戴和敬仰的偉大總統，他叫富蘭克林．羅斯福（Franklin Delano Roosevelt）！

給一棵樹苗以愛的肥料，它會成為參天大樹，給一顆心靈以愛的肥料，心靈會長成一座高高的聖壇，沒有什麼是能比愛更肥更好的肥料了，愛是生命中最好的肥料，愛是奇蹟誕生的唯一導演。

唯有愛，才能改變世界

這是一個高樓林立的區域，第一次突發強烈地震時，許多樓房都在電光火石中天崩地裂地坍塌了，只有他們這座樓，雖然在強烈的震波中晃了晃，但慶幸的是沒有塌下來。

夜色如墨，外面閃電狂舞，瓢潑的大雨嘩嘩地下個不停，雷聲轟轟隆隆，像從地底噴出來似的，搖搖欲墜的殘樓和大地都在雷聲中顫動著。外面有人用擴音器聲嘶力竭地喊著：「請活著的人馬上撤離到西區的廣場上去，馬上撤離到廣場上去，第二次強震就要開始了，就要開始了！」

聽到喊聲，倖存著的人們立刻驚魂未定地從殘樓中蜂擁而出，他們知道，因爲地震發生得太突然，營救人員短時間還不能馬上趕到，要想在這場突發而至的災難中活下來，他們只能一切全憑自己了。當他抱著孩子披著雨衣跌跌撞撞從樓洞裡死裡逃生走出來時，他嚇呆了，在閃電短暫的弧光下，他發現左鄰右舍的大樓在剛才的強震下已成了廢墟，而讓人更加驚恐的是，原來的街道和巷道都不見了，代之而起的，是一座座小山似的高樓廢墟，那一堆一堆的廢墟上，有橫七豎八的樓板，有高高低低的殘牆和斷壁，還有亂如團麻的電線、坑坑窪窪高低不平的磚堆瓦礫，要逃出這片虛墟，並且是在這風雨大作的漆黑夜晚，對於誰都是一件並不輕鬆的事情。

走出大樓不遠，在第一堆廢墟中，當一道眩目的電光閃過時，他發現前邊有一個黑影在慢慢地蠕動著，並且他隱約覺得那人像是同一棟樓的鄰居老太太，他忍不住喊了一聲，那個黑影果然應聲了。「孩子呢？」這位老太太哭泣著問他，他說：「孩子還好，我抱著呢。」他忽然想起了老太太那個癱瘓在床的兒子，便問：「您的孩子呢？」

氣喘吁吁的老太太說：「我也背著呢。」

老太太也背著孩子？他不禁一愣，那麼矮、那麼瘦弱的老太太，如何能背動她的孩子呢？那孩子他知道，其實早已不是孩子了，可能已經有二十多歲了，整天癱瘓在床上，老太太把他養得又白又胖，至少會有七十、七十五公斤重吧，這麼重的一個人，老太太如何能背得動呢？

廢墟上的摸黑行走漫長而艱辛，不是被殘牆撞了，就是被腳下的廢鐵廢鋼筋絆倒扯倒了，人們每前進一公尺都是那麼地不容易，哭喊聲、呻吟聲不時從一個個高如山丘的廢墟上傳過來，但人們都在咬著牙苦苦地支撐著，能向前爬一步，就離死亡的深淵遠一步，生命，就多了一份存活的希望。

他跌跌撞撞地走著，像掙扎過一個漫長的世紀。令人感到不可思議的是那個又瘦又弱的鄰居，加上背著那麼重的癱瘓兒子，竟　直奇蹟般地走在他的前邊，始終沒拉下過一步，一個年過半百的瘦弱女人，是什麼賦予她如此大的力量呢？

天微亮的時候，大雨還在嘩嘩啦啦地下著，但他們終於像一群洪水中的螞蟻，一個個精疲力竭地走到了長長廢墟的邊緣。他鬆了一口氣問一身泥水的老太太說：「您背著那麼重的兒子走了整整一夜，您累嗎？」

老太太抹了一把臉上的雨水搖搖頭說：「不累。」

他說：「我已經累壞了，但您還不累，您眞有力量啊！」

老太太苦笑說：「不是我有力量，而是我背的是我的兒子啊！」

他一聽，心中頓時愕然。

後來，他在給他的學生講授物理課時，他常常給自己的學生講起這個故事，他告訴學生們，在這個世界上，無論是原子的力量或氫子的力量都不是最強大的，最強大的是一顆心靈被愛注滿後的力量，因爲這種力量，這個世界上才產生了那麼多的奇蹟。

他說：「愛是最強大的力量，只有愛才能改變世界！」

他是我老師，一個九二一大地震的倖存者，一個出色的物理學家。多少年來，我和他的許許多多學生一樣，我們遺忘掉了許多物理學知識，我們遺忘掉了許多過去的記憶和故事，但我們卻牢牢地記著一句話：愛是這個世界上最強大的力量！

轉念智慧

愛可以使一個人強大，愛可以賦予一個人想像不到的力量，愛，可以讓一粒塵埃，不可思議地成為一個不能摧毀的擎天石。

愛的聲音，最美

醫院裡來了一位病人，她是一位四十來歲的女人，她身材高挑兒，雖然年過四十，但面容依舊姣好，穿著也十分地整潔和得體，但令人遺憾的是，她是一位盲人，雖然她的眼睛很大、很漂亮，但她卻什麼也看不見。

她的丈夫是一個又黑又瘦的男人，不怎麼愛說話，看上去有些靦腆，令醫生和護士們奇怪的是，這個男人走路或晃動時，身上就會響起一串串清悅的銅鈴聲，他每走一步或動一下身子，銅鈴都會叮噹叮噹地發出脆響。

一個護士留心才發現，那個銅鈴就綴在他的袖口上，銅鈴不大，只有櫻桃般大小，黃閃閃的，就像一顆銅鈕扣，醫生和護士們都很奇怪，這世界上有戴項鍊、手鍊和寶石戒指的，但卻從來沒有見過誰用銅鈴綴在衣袖上做裝飾的，私下裡護士和醫生們猜測說：「那或許是個用黃金打造的鈴鐺吧，那麼精緻，響得又那麼動聽和脆亮。」

每當那男人從走廊上走過的時候，所有的人都會很驚異地望著他，這個男人身上怎麼有鈴鐺響呢？那男人也不解釋，只是靦腆地笑笑，飄一串叮噹叮噹的鈴聲就走過去了。護士們很好奇，想問他爲什麼戴鈴鐺，但話到口邊就被醫生用眼神阻止了，醫生說：「每個人都有自己的隱私和嗜好，不允許向病人或病人家屬打探什麼！」

終於有一天，輪到這個盲女做手術了，她的丈夫和一群護士將病人推到了手術室門口，護士讓這個男人停下來，然後就推著盲女進了手術室，當主治的醫生和護士們準備手術器材的時候，向來十分文靜的盲女卻變得焦躁不安起來，任醫生和護士們怎麼勸也不行。醫生和護士們怎樣苦口婆心地勸說，躺在手術台上的盲女也安靜不下來，她不是在手術臺上焦躁地拚命扭動，就是歇斯底里地又哭又叫，鬧得醫生和護士們一點辦法也沒有。

正在大家束手無策的時候，手術室守門的護士推門進來了，她告訴主治大夫：「門外病人的家屬在拚命敲門，要求立刻見你。」主治醫生聽了，馬上放下手中的器材走了出來。

敲門的正是那個盲女的丈夫，他一臉歉意地說：「對不起，我忘了一件事情了。」說著，他從袖口上取下那枚銅鈴說：「做手術時，得用上這個，要不然她是很難配合的。」主刀大夫很不解說：「我們做手術，要銅鈴做什麼呢？」

那個男人說：「她的眼睛看不見，每天不聽到銅鈴聲，她都會坐臥不安的，我們結婚二十多年了，她一直都是在這銅鈴聲裡生活的，聽到鈴聲，她就知道我就在她身邊，就什麼也不怕了，聽不到這鈴聲，她就會害怕的。」男人頓了頓，又不好意思地說：「做手術對她來說是個很可怕的事情，我不在她身邊她是不會配合的。」主治醫生爲難地說：「可是做手術時，除了醫生和護士，別人是不能進入手術室的。」

那個男人說：「這我知道，我想請求您的是，在給她做手術的時候，能否讓一個護士站在她身邊晃動這個鈴鐺呢？只有聽到我的鈴鐺聲，她才可能安靜下來，她才不會害怕的。」

主治醫生同意了，他小心翼翼地接過那枚鈕扣般大小精巧的銅鈴，當銅鈴聲在手術室時響起來的時候，手術台上的病人馬上變得十分安靜了。

這是一次十分特殊的手術，當一群醫生和護士們在無影燈下緊張地忙碌時，一個護士站在手術台邊不停地輕輕晃動著鈴鐺，那鈴鐺聲叮噹叮噹不疾不徐地在手術室裡飄蕩著，像是一曲美侖美奐的音樂，又像是一縷縷和煦而溫暖的拂過心田的微風，像是一首溫馨的歌謠，又像一句句溫情而纏綿的呢喃……

這是一次難忘而成功的手術。當病人被靜靜推出手術室時，她安詳地睡著，嘴角蕩漾著一抹安詳而幸福的笑意。手術車推到手術室門口時，年邁的主治醫生破例對正焦急不安等在門口的那位男人說：「來，我推手術車，你晃鈴鐺吧！」男人高興地接過鈴鐺，在主治醫生的緩緩推動中，輕輕晃動著那清悅而動聽的鈴鐺，病房樓的走廊上飄蕩著輕輕鈴鐺聲，護士、病人家屬，甚至許多病人都湧出來，他們靜靜站在走廊的兩邊，羨慕而幸福地諦聽著那清悅的鈴聲，像在諦聽微風，像在諦聽陽光，又像在諦聽一種生命靜靜蕩漾的幸福，那一串串輕輕的鈴聲，讓每一顆心都深深地沉醉著……

轉念智慧

這是一種愛的聲音，這是一種心靈的聲音，這是世界上無與相媲的一種音樂，是一首詩的詩韻，是花朵綻開的聲音，是金黃的陽光輕輕飛翔的聲音……

打動心靈的，才可能打動世界；打動心靈的，才可能祈禱到幸福。不管是一句話、一縷風，甚至是一串輕輕的鈴鐺聲，只要它是愛的聲音，它肯定就是世界上最美的聲音，它肯定就是幸福的聲音。

願為愛低頭

她是一位聰穎又漂亮的女孩子，常常有人藉故和她搭訕、打電話給她或製造機會來和她結識，甚至有些陌生的男孩寄情書或委託花卉公司贈送一打打的玫瑰花，但她都一笑了之，根本不予理睬。她很傲，是透過骨子和心靈的那種傲，不怎麼和人說話，連一個微笑都不輕易示人，總是目不斜視旁若無人嫋嫋婷婷地走自己的路想自己的事情。

有一天早晨，在街道的拐角處，她遇到了一個男孩，那是一個十分帥氣的男孩，衣服穿得筆挺，頭髮也梳理得一絲不亂，臉孔菱角分明，顯得自信而倜儻，他看見她，愣了有足足五秒鐘，然後就成了一棵向日葵，她走，他的目光就寸步不離地隨著她的身影走，直到她消失在另一個拐角處，他才悃然若失地慢慢走開了。從此，每天早晨上班時，她都能在那個拐角處遇到他，他總是遠遠地望著她，目光總是癡癡的，看上去有些傻，但他沒有像別的男孩子那樣，自作聰明地來和她搭訕，或者十分冒昧地來給她送花。但她看得出，自己每次從他跟前走過，他都有些魂不守舍有些悃然若失的樣子。

後來有一天，他終於按奈不住了，在她每天必經的那個拐角處，他抱著一束編成心形的玫瑰花向她走了過來。他靦腆地對她說：「我早就想送妳一束花了，但我一直沒有勇氣。」這樣的男孩子和這樣的表白她已經歷得多了，她冷冰冰地說：「對不起，我不認識你。」然後就冷若冰霜地走開了。後來，她每天清晨經過拐角處，都會遇到他，他抱著一束花在靜靜地等她。但她一樣冷冰冰地拒絕他，有時，甚至連一個眼神都不留給他。

有一天早上，天上飄著雪花，街上十分寒冷，當她又走到拐角處時，她發覺他還在等她，他像中世紀歐羅巴求愛的那些年輕人一樣，一隻腿半跪著，落滿雪花的頭低著，把那束花高高地捧給她。她覺得很好笑，又從心裡有些瞧不起他：一個男人，在車水馬龍的大街上彎腰曲膝，能會有什麼出息呢？她鄙夷地在心裡冷笑一聲就過去了。

但他鐵了心，捧著花就跟在她身後，她走，他也走，就像一位虔誠的護花使者。這成了那天轟動當地的一則新聞。後來，她的一位朋友打電話問她說：「他那麼虔誠，你爲什麼不答應他呢？何況，他不是普通人啊。」不是普通人？敢在大庭廣眾下給別人單跪和低頭的人能有什麼出息呢？她鄙夷地說：「除了固執，我看不出他有什麼不普通的地方。」朋友笑了說：「你知道一位叫詹姆士的人嗎？」詹姆士？她當然知道，她相信這個市的許多居民都知道，那是一個傲氣十足從不肯屈服的人，他年輕有爲，曾在當地的一家外商公司做副總，後來據說他被一位擁資億萬的富翁相中了，要招他做乘龍快婿，但他不同意，於是那位富翁威脅說：「不是做我的乘龍快婿，日後做我的家產繼承人，就是現在就從這裡離開！」最後詹姆士果斷選擇了離開。

朋友說：「向你送花的人就是詹姆士啊。」

「他就是詹姆士？」她頓時愣了。

如今，她和詹姆士已在一起，她曾問詹姆士說：「爲什麼不做那位家財萬貫富豪的乘龍快婿？」他說：「因爲我不愛她的女兒。」

「那你爲什麼就向我低頭了呢？」

詹姆士說：「因爲我愛你！」頓了頓又說：「我只向愛低頭！」只向愛低頭？她愣住。

轉念智慧

這世界有許多這樣的人：他們泰山崩於前而不驚，他們生死置於外而不慌，但愛情一旦來到，他們卻會低下了那高傲的頭顱。

不要鄙夷為愛低頭的人，因為愛從來就不卑微。

注入了愛，就是天堂

那是暴風過後的一個清晨，一個老人到樹林去散步，在一棵大樹旁，老人看到有一隻鳥兒在焦躁地拚命對著樹下凋謝的枝葉嘰嘰喳喳叫個不停，老人感到有些奇怪，於是就小心翼翼地走近那棵大樹，但直到老人站在大樹下，樹上那隻鳥兒也沒有被驚飛，依舊焦躁地對著樹下拚命叫個不停，老人側過頭靜靜聽了聽，他聽到隨著樹上那隻鳥兒的鳴叫，凌亂的落葉下有一聲一聲微弱的鳥兒應和聲。老人明白了。他慢慢蹲下去，小心翼翼地扒開那一堆被暴風折斷的枝葉，在一根濕漉漉的樹枝下，他發現了一隻鳥兒。

這是一對被砸斷翅膀和腿的綠頭鶯，十分的可愛，只是暴雨把牠的羽毛打得凌亂而潮濕，牠的一個翅膀無力地低垂著，一隻腿兒也不能站立，只是驚恐地瞪著豆粒一樣的眼睛，絕望地回避著老人的目光和伸向牠的那一雙大手。

老人把牠小心翼翼地捧到手中，但他無法把牠送回到樹枝裡那個高高的鳥巢中。老人想了想，便捧著牠回家去搬梯子。老人捧著這隻受傷的鳥兒走的時候，樹上那隻鳥兒悲鳴著一直追著老人，直到老人搬來梯子，把受傷的這隻綠頭鶯小心翼翼地送到高高的鳥巢時，樹上的那隻綠頭鶯才安靜了下來。

從此，老人每天散步時都要走到那棵樹下，抬起頭靜靜地朝樹冠裡的那個鳥巢張望張望，但令老人失望的是，從巢裡飛進飛出忙忙碌碌的都只是那一隻綠頭鶯，卻從來沒見兩隻鳥兒出雙入對過，老人又回家搬來了梯子，爬上梯子一看，那隻受傷的綠頭鶯還在鳥巢裡，雖然氣色好多了，兩條腿也可以站了起來，但牠的那一對翅膀，卻依舊無力地低垂著。老人很難過，放了一些米粒在巢裡。

一年過去了，兩年過去了，老人發現那隻完好的綠頭鶯更加忙碌了，但他也發現那隻傷殘的綠頭鶯還在巢裡幸福地活著。老人十分感慨，他本來就是個熱心腸的人，只要村子裡有家庭不和睦的，老人便會找上門去給他們講這兩隻綠頭鶯的故事，聽得村子裡的人都唏噓不已。後來，老人再搬上梯子給那兩隻綠頭鶯送米粒的時候，他驚訝地看見，在那棵大樹下，常常都撒著一層層雪白的米粒。而且，那樹上還有了一隻十分漂亮的木製鳥箱。

又過去了兩年，老人老得走不動了，他央求家人抬他到樹下，最後一次看一看那一對綠頭鶯，家人說：「你放心吧，滿村子裡的人都惦記著那一對鳥兒呢，隔三差五，常有人到大樹下撒穀物和米粒。」

漸漸地，這故事傳到了另外的村莊，傳到了縣裡，傳到了很遠很遠的地方，許多陌生的人都慕名來到了村子裡，慕名走進那片樹林，來看望那一對鳥兒。其實，那已經不是兩隻十分好看的鳥兒了，牠們已經有些蒼老了，神態慵懶，羽毛也有些脫落，啼鳴聲也早就不清脆了，但人們還是絡繹不絕地千里迢迢趕來看望牠們，就像仰視一幅經久不衰的經典名畫。

轉念智慧

是的，愛是被人永遠惦記和敬慕的，不管它是錦衣玉食滋養的，還是一枚枚草籽滋養的，但只要有愛的注入，它都會閃爍出鑽石般的光芒。愛是改變命運和世界的唯一煉爐，一塊石頭注入了愛，它會成為花朵或聖物。就是一做地獄，一旦給它注入了愛，它也能變成天堂。

愛，沒有力學

他是一個研究力學的專家，在學術界裡成績斐然。他曾經再三提醒自己的學生們：「在力學裡，物體是沒有大小之分的，主要看它飛行的距離和速度。一顆玻璃彈珠，如果從十萬公尺的高空中自由落體掉下來，也足以把一塊厚一公尺的鋼板砸穿一個小孔；如果是一隻烏鴉和一架正高速飛行的飛機相撞，那麼一瞬間烏鴉的肉體肯定會把鋼鐵的飛機穿出個孔來。」

他說：「這種事在前蘇聯已經屢次發生過。所以我提醒大家注意，千萬別抱任何把高空裡掉落的東西穩穩接住的幻想，即使是一粒微不足道的沙子！」

那一天，他正在試驗室裡做力學試驗。忽然，門被「砸」地一聲推開了，他的妻子驚恐萬分地告訴他，他們唯一的女兒，那先天有些癡呆的女兒爬上了四層樓頂，正站在樓頂邊緣要練習飛翔。

他的心一沉，一把推開椅子，連鞋都沒來得及換就跑出去了，他趕到那座樓下的時候，許多人都已經驚慌失措地站在那裡了。他的女兒穿著一條天藍色的小裙子，正站在高高的樓頂邊上，兩隻小胳膊一伸一伸的，模仿著小鳥飛行的動作想要飛起來，看見爸爸來了，媽媽也跑來了，他的小女兒歡快地叫一聲就從樓頂上起跳了，很多人嚇得「啊」一聲連忙捂住自己的眼睛，看到那小鳥般的女兒正飛速地垂直下落，平時手無縛雞之力的他突然推開緊拉著他的學生們，一個箭步朝那團垂落的藍雲迎了上去。

「危險——」

「啊——」

隨著一聲驚叫，那團藍雲已重重砸在他高高伸出的胳膊和身上，他感到自己像被巨錘猛地砸了下，腿像樹枝一樣「咔嚓」一聲，眼前一黑就什麼也不知道了。

他醒來的時候，已經是躺在醫院的急診室裡第六天了，腦子還算好，可是下肢已澈底沒有了感覺。淚水漣漣的妻子和他的學生們埋怨說：「你是做力學的，怎麼能不知道那樣做太危險？」

他笑笑，看看床邊安然無恙的小女兒，說：「我知道危險。做了半輩子力學，我怎麼能不懂這個呢？只是在愛裡邊，除了愛，沒有力學。」

轉念智慧

愛沒有力學。

一隻母鳥雖然害怕一粒小小的子彈對自己翅膀的打擊，但在一隻比子彈大得多也重得多的雛鳥從巢口墜落時，牠會閃電一樣毫不遲疑地迎上去。一隻母牛帶著牛犢遭遇野狼襲擊，牠會用自己的肉體和鮮血去護衛自己那幼小而孱弱的牛犢……

在愛裡，除了一種比鑽石更硬的愛的合力之外，再沒有其他任何力學。愛是靈魂裡唯一的一種力。

愛，言語不足承載

朋友夫婦是一對挺實在的人，兩個人的性格都有些內向，不怎麼愛說話。倆人坐在一塊兒，也總是沉默著，偶爾說幾句話，也是淡淡的，很平常的話。點頭、無聲的淺笑、默然，是他們生活的主要方式。

朋友們一提起他們夫婦，都搖頭嘆息說：「挺好的一對，可惜都是沒嘴的葫蘆，那生活像沒鹽的菜，太淡了。」他們沒有花前月下的卿卿我我，沒有燈下的喁喁笑語。他們散步，也是一前一後靜靜地走著，從不挽手，也沒有太多的話，一直走到一個人說：「走累了，回吧。」於是慢慢扭轉了頭，倆人又不聲不響地一前一後走回家來。滿天星斗的夏夜裡，當鄰居的夫婦們或在街頭親親密密地漫步，或在陽台上、草坪上又說又笑地乘涼時，他們夫婦倆來了，隔五六尺遠靜靜地坐著，任晚風輕輕地吹著，兩個人看星星、看月亮、看累了，一個說：「睡吧。」於是倆人便站起來，默不作聲地回去了。

大家都很擔心，像他們這種沒有愛情語言的婚姻到底能走多遠。因為太沒情趣的生活遲早會讓人厭煩的。但他們就這樣風平浪靜、無聲無息地一直生活下來了。其間，有多少曾經愛得如膠似漆的朋友夫婦分道揚鑣了，有多少曾經甜言蜜語的愛情和婚姻變成昨夜星辰了，但他們還是這樣平靜的生活著。沒有愛的漣漪，也沒有婚姻生活的漩渦，就像一條沒有浪花的寧靜小河，無聲無息地從遠方流來又無聲無息地向遠方流去。

他有些靦腆地告訴我：「這種生活我們已經習慣了，沒感覺到有什麼鹹了淡了的。」他還告訴我，就是在戀愛時，他們也是這樣的，沒有過信誓旦旦的山盟海誓，沒有過甜甜蜜蜜的愛情喁語。他們也偶爾拌過幾句嘴，但不過是倆人說話的聲音略高了一些。我問他：「那你愛她嗎？」他想了想不好意思地說：「不知道。只是很擔心她，她上班的公司太遠，又經過鬧區，所以每天我下班後就在門口等她。她不回來，我就坐臥不寧的，擔心她騎車技術不夠好，老怕她出了什麼意外。」他笑笑說：「出差時也是這樣，擔心這擔心那的，給她撥一個電話，只要聽到她沒事地『嗯』一聲我才能放下心來。」

那次和他一塊兒到外邊吃酒，一群朋友聚餐不知不覺就到了夜裡一點多。他不沾酒，只是陪我們坐著，聽我們一群吵吵嚷嚷地說話，回家時已經是深夜兩點多了。那是一個冬夜，天氣十分地冷，還飄著紛紛揚揚的小雪。我送他回家時，街上的路燈早熄了，也沒一家窗戶是亮的，快走到他家裡，遠遠就看見他家的窗戶透著一抹黃暈。走到他家門前，還沒敲門，門就開了，他的妻子已經迎了出來，看到他回來了，如釋重負地說：「終於回來了，夜太深，讓人擔心得睡不著。」

我笑她說：「他又不喝酒，不會醉，你有什麼好擔心的呢？」

她笑笑說：「知道他不會喝酒，但他遲遲不回來，就讓人放心不下了。」我把他們的事給朋友們講了，大家都直唏噓：「我們哪能到這情份上啊，讓妻子爲我惦掛得睡不著覺，大冷的夜守在家裡苦苦等你。他這婚姻，值得啊！」

是啊，能被一個人惦掛，這是多麼眞實的愛情啊，它可能沒有語言，它可能是沉默的，但確是愛的一種默契。你能時時惦掛一個人，你是幸福的；時時有一個人惦掛你，你更是幸福的。情感不是語言，它可能只是一個眼神，只是一種惦掛，只是一種默默的擔心和祝福。

幸福就像花開放。多好的一句話，花開時沒有聲音，花開時沒有語言，花開時是沉默的，但花開是花朵對春天的一個惦掛。眞正的愛情不是語言能夠承載的，許多的愛可能是沉默的，愛也就像花開放。

儲蓄愛，一生幸福

十幾年前的一天，一位同事上班時央求我：「能不能給幫個忙？」我思忖，這大老爺們這麼低聲下氣地求我幫忙，一定是遇上了生活的大事，於是挺身相助說：「有什麼困難，我一定鼎力相助！」同事不好意思地笑笑說：「是這樣，明天是我太太的生日，我不知道該送她什麼禮物好，麻煩你幫我出出主意。」

我愣了，瞧著他已經半白的稀髮說：「我還以爲是什麼大事兒呢？」他也愣了，說：「這怎麼不是件大事呢？」我笑他說：「不就是給你的老伴買件生日禮物嗎？瞧你倆都一塊兒生活大半輩子了，她的個性、嗜好，你還不知道？」同事嘆口氣，搖了搖頭說：「你不瞭解我太太，省吃儉用習慣了，給她買件價格貴點、高檔的東西，她心疼我來之不易的一點薪金收入；給她買便宜的，我這心裡又實在過意不去。」接著，老同事又扳著手指細數這許多年給他太太買的生日禮物，我聽得直發愣，說：「你每年都買生日禮物給她啊？」

同事不好意思地笑笑說：「從結婚一塊兒過日子到現在，我年年都買的。」這實在太出乎意料了，想不到像同事這麼一個其貌不揚、說話吞吞吐吐的人，竟有這樣的溫情呀。平時同事們打牌，他不參加；有好萊塢巨片上映，他不去；我們又抽菸又喝酒，但他卻向來菸酒不沾。原來，他是攢足了勁兒進行愛情投資呢？說實話，知道了他這麼多年如此鄭重給太太送生日禮物，我心裡是又好笑又吃驚。好笑的是，他這麼一個人，看起來根本沒有一絲的浪漫情懷可言，竟會做出這麼浪漫的事情。吃驚的是，這麼一個呆板的半百老先生，竟年年給太太送生日禮物，而我們常常自居「時尚一族」的年輕人卻怎麼也做不到，我笑他：「原來你在部門總是原地踏步升不上去，我現在總算明白原因了。」

他一頭霧水地問：「你明白了什麼？」我說：「你把錢都投資到自己的愛情上去了，沒資金和我們做感情投資，我們誰投你的票啊？」他聽後訕訕地笑著說：「我這不叫『愛情投資』，應該叫『愛情儲蓄』，有利息的。」他頓了頓又說，「譬如你下班回家了自己斟茶自己喝，但我就比你幸福多了，因為我做了愛情儲蓄，所以估算我下班時，我太太已經將我的茶沏好了，這些小幸福是我『愛情儲蓄』的小利息，更大的收益還在後頭！」

現在，他已退休，偶爾在市中心的公園遇見他，總見他很安詳地坐在輪椅上，他的太太輕輕地推著他，輕輕地和他耳語，輕輕地給他揉肩，他們都已年逾七十，滿頭如雪的白髮，儘管他坐在輪椅上，但依舊紅光滿面，衣著乾淨整齊，看上去一副保養得極好的樣子。去年春節，部門慰問退休老幹部，我去了他家，他拉著我的手說：「我說的『愛情儲蓄』沒錯吧？瞧瞧別人，和我比比，我比他們幸福多了。」臨別時，他搖著輪椅送我到門口，再三叮囑：「別小看了『愛情儲蓄』，它有百分之百，或者更高的利率呢！」

轉念智慧

我們給世界一份愛的儲蓄，它會回報給我們十倍的溫馨；我們給人生一縷溫暖，它會還給我們滿天嫵媚陽光；我們給生活一縷愛意，它會還以我們一生的幸福。

我們每個人的心靈裡都有許多愛的金幣，只要我們在平常的歲月中儲蓄它，珍惜它，總有一天，我們會成為愛的富翁，我們會擁有享用不盡的人生幸福。

Change your words,
Change your world.

轉念：扭轉逆境的智慧

作　　者　李雪峰

發 行 人　林敬彬
主　　編　楊安瑜
編　　輯　吳瑞銀．王艾維
內頁編排　王艾維
封面設計　高鍾琪

出　　版　大都會文化事業有限公司
發　　行　大都會文化事業有限公司
11051 台北市信義區基隆路一段 432 號 4 樓之 9
讀者服務專線：（02）27235216
讀者服務傳真：（02）27235220
電子郵件信箱：metro@ms21.hinet.net
網　　　址：www.metrobook.com.tw

郵政劃撥　14050529 大都會文化事業有限公司
出版日期　2014 年 10 月修訂初版一刷
定　　價　250 元
ＩＳＢＮ　978-986-5719-28-9
書　　號　Growth-076

Metropolitan Culture Enterprise Co., Ltd.
4F-9, Double Hero Bldg., 432, Keelung Rd., Sec. 1, Taipei 11051, Taiwan
Tel:+886-2-2723-5216　Fax:+886-2-2723-5220
Web-site:www.metrobook.com.tw
E-mail:metro@ms21.hinet.net

Cover Photography: shutterstock/111393362, 89266522, 83891704.

大都會文化
METROPOLITAN CULTURE
大都會文化

國家圖書館出版品預行編目 (CIP) 資料

轉念 ：扭轉逆境的智慧 / 李雪峰著.
-- 修訂初版. -- 臺北市：大都會文化，2014.10
256 面；14.8×21 公分
ISBN 978-986-5719-28-9（平裝）

1. 人生哲學 2. 修身

191　　103018428